Pedro Calderón de la Barca

Con quien vengo vengo

Barcelona **2024**
Linkgua-ediciones.com

Créditos

Título original: Con quien vengo vengo.

© 2024, Red ediciones S.L.

e-mail: info@linkgua.com

Diseño de cubierta: Michel Mallard.

ISBN rústica: 978-84-9816-400-8.
ISBN ebook: 978-84-9897-148-4.

Sumario

Brevísima presentación

La vida

Pedro Calderón de la Barca (Madrid, 1600-Madrid, 1681). España.

Su padre era noble y escribano en el consejo de hacienda del rey. Se educó en el colegio imperial de los jesuitas y más tarde entró en las universidades de Alcalá y Salamanca, aunque no se sabe si llegó a graduarse.

Tuvo una juventud turbulenta. Incluso se le acusa de la muerte de algunos de sus enemigos. En 1621 se negó a ser sacerdote, y poco después, en 1623, empezó a escribir y estrenar obras de teatro. Escribió más de ciento veinte, otra docena larga en colaboración y alrededor de setenta autos sacramentales. Sus primeros estrenos fueron en corrales.

Lope de Vega elogió sus obras, pero en 1629 dejaron de ser amigos tras un extraño incidente: un hermano de Calderón fue agredido y, éste al perseguir al atacante, entró en un convento donde vivía como monja la hija de Lope. Nadie sabe qué pasó.

Entre 1635 y 1637, Calderón de la Barca fue nombrado caballero de la Orden de Santiago. Por entonces publicó veinticuatro comedias en dos volúmenes y La vida es sueño (1636), su obra más célebre. En la década siguiente vivió en Cataluña y, entre 1640 y 1642, combatió con las tropas castellanas. Sin embargo, su salud se quebrantó y abandonó la vida militar. Entre 1647 y 1649 la muerte de la reina y después la del príncipe heredero provocaron el cierre de los teatros, por lo que Calderón tuvo que limitarse a escribir autos sacramentales.

Calderón murió mientras trabajaba en una comedia dedicada a la reina María Luisa, mujer de Carlos II el Hechizado. Su hermano José, hombre pendenciero, fue uno de sus editores más fieles.

Personajes

Octavio, galán
Don Juan, galán
Don Sancho, galán
Ursino, viejo
Celio, criado
Gobernador
Un Criado
Doña Lisarda, dama
Doña Leonor, dama
Nise, criada
Gente

Jornada primera

(Salen doña Lisarda y doña Leonor asidas de un papel.)

Leonor	No le has de ver.
Lisarda	Es en vano defenderle ya.
Leonor	Resuelta estoy antes a hacer...
Lisarda	Suelta.
Leonor	...un exceso en él villano.

Lisarda   Ya el papel está en mi mano.
                 ¿Cómo has de excusarte agora
                 de que le vea?

Leonor   Señora,
                 hermana, Lisarda, advierte...

Lisarda   Esto ha de ser de esta suerte.

Leonor   ¿Quién mis desdichas ignora?

(Lee.)

Lisarda   «Amor, señor don Juan, que de amor
                 no pasa a atrevimiento, indignamente
                 adquiere el nombre. Dígalo el mío;
                 pues me atreve a tanto que, sin mirar
                 el riesgo de mi vida, el temor de mi

hermano ni el recelo de Lisarda, os
suplico, vengáis esta noche por el
jardín, donde entraréis a hablarme;
y venga con vos el criado, porque,
cuando yo aventuro mi vida, trato
de asegurar la vuestra.»

(Aparte.) (¡Notable resolución!
Más mal hay del que pensé;
pues donde solo busqué
una sombra, una ilusión,
hallo un engaño, una acción
tan grave. No sé qué intente;
mas ya importa cuerdamente
disimular el agravio;
que parecer muda el sabio,
consejo toma el prudente.)

Leonor   ¿Estás ya contenta, di,
de haberlo sabido?

Lisarda   No;
porque de estas cosas yo
no he de estarlo, triste sí.

Leonor   ¿Mil veces no te advertí
que no llegases a ver
el papel, que había de ser
de disgusto y de pesar?
Pues quien no lo ha de estorbar
¿por qué lo quiere saber?
  Mira lo que has conseguido,
que, andando yo con secreto,
con recato y con respeto
huyendo de ti, has querido

perder el que te he tenido.
Pues cuando tú no entendiste
mi amor, respetada fuiste,
y ya que lo sabes, no;
porque no he de olvidar yo,
porque tú mi amor supiste.

Lisarda
Sin prudencia y sin consejo,
dudosa, Leonor, estoy;
y cuando a un discurso voy,
más del discurso me alejo.
Dos veces de ti me quejo,
de parte de nuestro honor
una, y otra de mi amor;
que amar y callar te ofreces,
para ofenderme dos veces
con una culpa, Leonor.
Cuando tú te aconsejaras
conmigo, para querer,
la primera había de ser
que dijera que no amaras.
Mas si a decirme llegaras
que amaste una vez, yo fuera
la primera y la tercera
que echara el manto al amor;
que si aquello fuera honor,
estotro cordura fuera.

Leonor
Has nacido sin empeño
en palabras y en acciones,
tan dueño de tus pasiones,
de tus discursos tan dueño
que no vi en ti el más pequeño
afecto a mi pena igual,

11

para que en desdicha tal
te descubriese la mía;
y hace mal quien su mal fía
a quien no sabe del mal.
　¿Quién en libertad se vio
que se duela del cautivo?
¿Quién, estando sano y vivo,
se acuerda del que murió?
¿Quién en la orilla rogó
por el que en el mar fallece?
¿Quién del dolor se entristece
que a otro aflige y desalienta?
Nadie; que nadie hay que sienta
las penas que otro padece.
　Yo así, esclava, no te hablé,
porque en libertad te vi;
muerta, no me llegué a ti,
porque con vida te hallé;
desde el mar no te llamé,
porque en la orilla vivías;
doliente en las ansias mías,
no te pedí que sintieras,
porque sé que no supieras
sentir lo que no sentías.
　Pero ya que yo no he sido
quien te ha dicho mi cuidado,
y que la ocasión me ha dado
el lance que se ha ofrecido,
sabe que amor he tenido
y sabe que fue don Juan
Colona a quien lugar dan
mis favores en secreto,
por ilustre y por discreto,
por valiente y por galán.

Dos años ha que festeja
mi calle; dos años ha
que asido hasta el alba está
a los hierros de mi reja.
Al ruego, al llanto, a la queja
roca, monte y fiera fui.
Pero ¿quién pudo —¡ay de mí!—
resistirse tiempo tanto
a la queja, al ruego, al llanto
de un hombre que llorar vi?
　Vida, hacienda y honra gano
con tal dueño; esto previno
mi esperanza, cuando vino
de la guerra nuestro hermano.
Y viendo que ya es en vano
hablar por la reja, quiero
que entre al jardín. No el primero
será mi amoroso error
que le enmiende otro mayor;
en él esta noche espero.
　Mas pues te ha dicho el papel
a lo que mi amor llegó,
no es bien que te diga yo
lo que ya te ha dicho él.
Ésta es la causa cruel
de mi gran melancolía,
éste el fin de mi alegría;
y pues que tu hermana soy,
y humilde a tus pies estoy,
no estorbes la suerte mía.

Lisarda　　　Aunque es verdad que pudiera
ofenderme de tu amor,
estás resuelta, y error

13

notable el reñirte fuera,
pues sé que con eso hiciera
mayor tu amor y tu fe
de lo que al principio fue;
que aunque de amor no he sabido,
que crece más resistido
amor, como es fuego, sé.
　Cuentan que se hallan dos fuentes
cuyos templados cristales,
naciendo juntos e iguales,
son varios y diferentes;
pues contrarias las corrientes,
iris de oro, nieve y plata,
que una montaña desata,
contienen tanto rigor
que la una mata de ardor
y la otra de hielo mata.
　Yo, que aborrezco el amor,
yo, que ni estimo ni quiero,
soy la de hielo; pues muero
a manos de mi rigor.
Tú, que adoras su sabor,
y tu mismo daño adquieres,
eres la opuesta; pues mueres
llena de ardor y de fuego.
Juntémonos, porque luego,
si soy hielo y fuego eres,
　templaremos de manera
nuestra condición nociva,
que el cargo del amor viva,
y el de la opinión no muera.
　Dime, pues, ¿quién es tercera
de tu amor?

Leonor	Nise avisada está de abrirle a la entrada.

Lisarda	¡Oh, qué infeliz a ser vienes,
	Leonor, supuesto que tienes
	que te calle una criada!
	    Mas oye lo que he pensado
	para asegurarme a mí
	y no embarazarte a ti
	la esperanza de tu estado.
	En traje disimulado
	yo tu criada he de ser
	de noche, porque he de ver
	si es tan honesto el empleo
	de tu amor y tu deseo
	como me das a entender.
	    Seis cosas así consigo;
	ser con nuestro honor leal,
	ser contigo liberal,
	y ser honrada conmigo;
	dar a tu amor un testigo
	que temas enamorada,
	suspender después la espada
	de don Sancho cuando venga
	y excusar el fin que tenga
	que callar una criada.
	    Envía, pues, el papel,
	y empiece el engaño hoy.

Leonor	Esperando un criado estoy que aquí ha de venir por él agora, y aun es aquél.
Lisarda	Aunque de don Juan oí

la fama, nunca le vi,
ni a él conozco ni al criado.
Dale el papel, con cuidado
de que te guardas de mí.

(Salen Nise y Celio.)

Celio
No faltará una cautela;
que a los audaces, sin duda,
dicen que Fortuna ayuda,
y a los tímidos repela.

Nise
Ya te vio.

Celio
¡Triste de mí!
¡Y qué ojos!

Lisarda
¡Gentilhombre!

Celio
Ése, señora, es mi nombre.

Lisarda
¿Cómo os atrevéis así
a entraros aquí?

Celio
No sé
qué respuesta daros pueda;
término se me conceda
el de la ley, para qué
en tan estupendo exceso
halle de disculpa indicio;
y así digo que al oficio
de la querella el proceso
se lleve, porque mejor
fulminado el caso esté,

y que yo responderé
allá por procurador.

Lisarda

No de burlas respondáis,
cuando de veras os hablo.

Celio (Aparte.)

(¡Esta mujer es el diablo!)

Lisarda

Decid presto ¿a quién buscáis?,
o haré que por atrevido
mil palos, villano, os den
dos esclavos.

Celio

No harán bien
en darme lo que no pido.
Mi conciencia acomodada
corre, porque de esto gusta,
siempre abierta y nunca justa,
por no verse empalizada.
Y tanto se sutiliza
el temor que de mi casa
no salgo el día que pasa
por ella Mons de Paliza.
Y así, porque revoquéis,
diosa Palas, la paluna
sentencia, ved que ninguna
causa contra mí tenéis.
Buscando vengo al cajero
de don Nicolás Ursino,
este genovés vecino,
para que me dé el dinero
que de una libranza resta.
Dijéronme que vivía
pared en medio, y creía

que fuese la casa ésta.
Y así por ella me he entrado,
como quien viene a pedir;
mas con volverme a salir
se enmienda todo lo errado.

(Quiere irse Celio.)

Lisarda   Llámale y dale el papel,
Leonor, sin que yo lo vea.

Leonor   Oíd, soldado. Quien desea
castigar hoy tan cruel
   vuestra osadía ha mandado
que os diga que aquí, advertid,
no volváis más.

(Dale el papel.)

Celio   Pues decid
que yo lo pondré en cuidado
   y, cumplida mi esperanza,
no vendré más donde estoy,
pues, Dios bendito, me voy
sin palos y con libranza.

(Al irse Celio, sale don Sancho y le detiene.)

Sancho   ¿Qué libranza?

Celio (Aparte.)   (Esto es peor
lance; no me voy sin palos.)

Sancho   ¿Qué buscáis?

Celio (Aparte.)   (Indicios malos.)
        No busco nada, señor.

Sancho   ¿De quién sois criado vos?

Celio   De Dios.

Sancho   ¡Lindo desenfado!

Celio   Si Dios todo lo ha criado,
        ¿quién no es criado de Dios?
        Y si argumentos tan buenos
        no os dejan asegurado,
        pruebo que soy su criado
        en que es a quien sirvo menos.
        Y al cabo, por yerro entré
        aquí, y ya me he disculpado
        del yerro y de haber entrado.
        No te lo digo, porqué
        es contra el arte decir
        alguna cosa dos veces.
        Mas si a saberlo te ofreces,
        mejor lo podrás oír
        de esas damas, a quien yo
        lo he dicho ya, y mi capricho
        se atiene a «lo dicho, dicho».

(Vase Celio.)

Lisarda   Déjale; que aquí se entró
        preguntando si sabía
        de un vecino a quien él viene
        buscando; y tal humor tiene

que estuviera todo el día
oyéndole, según es
de entendido y sazonado.

Sancho   Con todo eso, no me agrado
yo de estas cosas. Después,
  oh Lisarda, que dejé
la guerra, y vine a vivir
en la paz, para asistir
más a vuestro lado, hallé
  en la calle alguna vez
a este hombre, y no quisiera
que ocasión mi honor me diera
para que, haciendo juez
  al mundo de mi valor,
algún loco pensamiento
fuera trágico escarmiento
de las fortunas de amor.

Lisarda   El que te oyere decir
razones tan ponderadas,
tan graves y tan cansadas,
muy bien podrá presumir
  que una de las dos previene
asuntos de tu temor,
cuando en buena ley de honor
no solo quien no le tiene
  lo ha de pensar, pero quien
lo tiene debe pensar
que el Sol le pudo engañar,
que es lo que le está más bien.
  Y así, del aire no arguyas,
don Sancho, ilusiones vanas;
que al fin somos tus hermanas,

y aunque no por serlo tuyas
　debiéramos proceder
bien, por ser nosotras sí;
pues no aprendimos de ti
ni de tus celos el ser
　ni el lustre con que nacimos,
ni nos estuviera bien
el aprenderle de quien
viles hazañas oímos.
　Y así el valor y la fama
de que al cielo haces testigos,
guárdale para el amigo
a quien quitaste la dama.

(Vase doña Lisarda.)

Sancho　　　　　　　Escucha, Lisarda, espera.

Leonor　　　　　　　¿Para qué te ha de escuchar?

Sancho　　　　　　　Para que, ya que a culpar
llegó tan altiva y fiera
　hoy mis acciones, también
sepa, Leonor, que ha mentido
el coronista fingido
de mis celos.

Leonor　　　　　　　　　　　Está bien;
　pero allá podrá mejor,
que no aquí, tu pensamiento
ver el trágico escarmiento
de las fortunas de amor.

(Vase doña Leonor.)

Sancho   Oye tú también, aguarda.
          Yo sabré en desdicha igual
          quién ha informado tan mal
          de mí a Leonor y a Lisarda.

(Vase don Sancho. Salen don Juan y Octavio.)

Juan   Grave melancolía
          es, Octavio, la vuestra; todo el día
          no hacéis, aquí encerrado,
          sino dejar las riendas al cuidado,
          dando con mil enojos
          voz y llanto a los labios y a los ojos.
          Si es tanto sentimiento,
          corrido del humilde alojamiento
          que en mi casa se os hace,
          poco tanto dolor se satisface
          con tan pequeña queja,
          pues agraviado el sentimiento deja.
          Hacedme a mí testigo
          de vuestros sentimientos.

Octavio   ¡Ay amigo!
          No hagáis tan grande agravio
          a la amistad de Octavio,
          pensando que podía
          vuestra casa aumentar la pena mía;
          pues, como veis, es fuerza
          no verme el Sol, mi sentimiento fuerza
          el estar solo y triste;
          más que en la causa, en la pasión consiste.

Juan   Aunque yo de un amigo

22

nunca a saber ni a preguntar me obligo
más de lo que él quisiere
decirme, aquí la ley así prefiere
la voluntad que quiero
que me acuse la parte de grosero,
suplicándoos merezca mi cuidado
saber la causa con que habéis llegado
encubierto a Verona,
recatada del Sol vuestra persona,
haciendo mi aposento
voluntaria prisión.

Octavio   Estadme atento.

    Bien os acordáis, don Juan,
de aquel venturoso tiempo
que en las escuelas famosas
de Bolonia, patria y centro
de las artes y las ciencias,
fuimos los dos compañeros,
viviendo un cuerpo dos almas,
y dando un alma a dos cuerpos.
Bien os acordáis también
de que en un mismo correo
de vuestro padre y el mío
tuvimos juntos dos pliegos,
en que el señor don Ursino
os mandaba que al momento
viniésedes a Verona
a descansarle del peso
de vuestro estado, porque
os tenían sus deseos
de una principal señora
tratado ya el casamiento.

23

En el mío me mandaba
a mí mi padre que luego
trocase plumas y libros
por las galas y el acero.
Vos a casaros y yo
a la guerra en un día mesmo
fuimos llamados; si bien
no de contrarios efectos,
porque la guerra y casarse
todo es uno es este tiempo.
Al despedirnos los dos,
en el abrazo postrero
palabra los dos no dimos
que habíamos de valernos
el uno al otro, y llamarnos
para cualquiera suceso;
sobre cuya confianza
a buscaros, don Juan, vengo,
para probar que soy yo
más vuestro amigo, supuesto
que yo de vuestra amistad
soy quien se vale primero.
Doblemos aquí la hoja,
y a los discursos pasemos
de mi vida, que son tales
que imagino, dudo y temo
que yo los pueda decir
si no los dice el silencio.
Salí de Bolonia, pues,
para Milán, donde, luego
que llegué, senté la plaza
y ventajas en el tercio
del señor duque de Lerma,
aquel Escipión mancebo,

en quien Adonis, Mercurio
y Marte tiene imperio.
A mi discurso volvamos,
que huele a lisonja esto;
mas sus proezas son tales
que, aunque callarlas deseo,
es fuerza volver a ellas,
antes que acabe el suceso.
Asenté en su compañía
la plaza, y mientras el tercio
estuvo en Milán, en él
divertí los pensamientos
de la patria y los amigos
entre mujeres y juego.
¡Oh cuánto en mi relación
algún amoroso extremo
tarda ya, porque sin él
está frío cualquier cuento!
Amor al fin, que no teme
los escándalos y estruendos
de Marte, que desde niño
le tiene perdido el miedo,
como se crió en sus brazos,
depuesto el arco y depuesto
el arpón, quiso tal vez
matar con armas de fuego,
y en unos divinos ojos
introdujo tanto incendio
que hicieron Troya las almas,
aun antes de verse dentro.
Vi y amé tan igualmente
que, viendo y amando a un tiempo,
hubo después competencia
sobre cuál sería primero.

Por no cansaros —aunque
con gusto me estáis oyendo—
lo que es lugares continuos,
ventanas, calles, terrero,
señas, papeles, criados,
noches, embozos, paseos,
ya es hábito del amor
gozar más quien vale menos.
También sabréis cómo hallaron
buen sagrado mis deseos;
creció amor comunicado,
y de un lance a otro siguiendo
al incendio de la vista,
por vecindad, el incendio
del alma, pasó el que era
breve pavesa entre hielo
a ser llama que ya daba
tornasoles y reflejos,
a ser Etna, a ser Volcán,
abismo de luz inmenso,
el que era Volcán y Etna
a ser esfera, a ser centro,
oficina y obrador
de los rayos y los truenos;
tanto que, aunque desigual,
si bien no el nacimiento,
sino en la hacienda, la di
palabra de casamiento;
cuya llave, que es maestra
para hacer a cualquier pecho
de mujer, me ofreció hacerme
de tantas venturas dueño.
Di parte de esto a un amigo...
¿A un amigo dije? Miento;

porque un amigo traidor,
con capa de verdadero,
es el mayor enemigo;
que al fin no fuera el veneno
del áspid tan ponzoñoso
si no matara encubierto.
¡Oh fementido, oh aleve,
oh falso, oh mal caballero!
Pero quédese esto aquí.
Ufano, alegre y contento
esperé que el dios de Dafne,
entre sombras y bosquejos
de la noche sepultase
su luz, siendo monumento
todo el mar a todo el Sol,
cuando llegase a su centro.
Quiso el cielo el mismo día
—¡qué tasado que anda el tiempo
en las penas!— que mandó,
de honor y prudencia lleno,
el marqués de los Balvases
que fuese marchando el tercio
al casal de Monferrato,
abrasando y destruyendo
cuandos lugares hubiese
confinantes, que, aunque abiertos,
no les faltaban defensas.
¡Ah ley dura, ah duro fuero
de honor! ¿Qué no pararás,
si sabes parar deseos?
Yo, atento a la disciplina,
yo, a la milicia sujeto,
con mi compañía salí;
que es al noble caballero

la religión más estrecha
de cuantas admira el tiempo
la milicia. A Pontostura
llegamos, donde el esfuerzo
de nuestro maestre de campo
hizo alarde de su aliento;
pues porque tardó un criado
con su arnés, desnudo el pecho
se entró por la batería.
Debió de tener por cierto
que la obediencia del plomo
había de guardar respeto
a un Sandoval y a un Padilla;
y bien lo dijo el efecto;
pues, hallándole una bala
desarmado y descubierto,
cayó sin hacerle mal,
hecha una plancha en el suelo,
dejando, como por firma
que dijese: «no me atrevo
a pasar más adelante»;
un cardenal en el pecho,
ganó a Pontostura, pues;
a Rofinar puso cerco
luego y rindió a Rofinar,
a San Jorge y otros pueblos
del Monferrato, dejando
para mayores empleos
descubierta la campaña.
Mas ¿qué va que estáis diciendo
agora entre vos: «¿Este hombre
dónde va con este cuento,
que ha dejado tanto cabos
para su novela sueltos?

Porque él tiene introducidos
una dama por quien muerto
de amores está, un amigo
de quien se queja con celos,
un duque a quien encarece,
y a mí, a quien tiene propuesto
que le tengo de valer.»
Pues de la farsa que emprendo
todos somos personajes,
todos nuestra parte hacemos.
Y para que lo veáis,
a mi discurso me vuelvo.
Cuando a San Jorge llegó
del duque de Lerma el tercio,
Mons de Toral le esperaba
con los caballos ligeros
del suyo, de un montecillo
amparado y encubierto.
Descubrióle nuestra gente,
y en arma los campos puestos,
empezó a escaramuzar
la caballería y el tercio
de españoles y franceses,
tan valientes como diestros.
No me quiero detener
a repetir por extenso
la guerra, que voy muy largo;
solo detenerme quiero
a contar en esta parte
lo que importa a nuestro intento.
El fin de la escaramuza
fue que, vencido y deshecho
el Toral, se retiró
al casal, y hasta que dentro

de él estuvo pertrechado,
le dieron caza los nuestros.
Y cuando ya nuestra gente
volvía a ocupar los puestos,
escuchamos una voz
que entre los franceses muertos
salía, y vimos también
que se levanta entre ellos
un hombre herido y desnudo,
de polvo y sangre cubierto.
Éste, en mal formadas voces,
que apenas concibió el eco,
dijo en idioma francés:
«Españoles caballeros,
cualquiera que haya ganado
por despojo, triunfo y premio
de su valor un joyel
que traje pendiente al pecho,
véngale a dar por rescate,
si quiere joyas de precio
más subido; y si no quiere,
deme la muerte primero
que yo viva imaginando
que aun pintada es de otro dueño
la bellísima Madama
que lleva por huésped dentro.»
Dijo el francés, y aunque allí
por las señas creí cierto
no poder determinar
ser noble, por los afectos
sí; que quien noble no fuera
no tuviera sentimiento
tan hidalgo. Llegó a él
el duque, y con muchos ruegos

corteses le persuadió
que fuese su prisionero.
Rindióse el francés al duque,
y mandó curarle luego.
Ordenó que a Milán fuese,
porque desmintiese el riesgo
de su vida con mayor
cura, regalo y aseo.
Ya tenemos en la farsa
otra persona de nuevo;
pues ninguna está de más.
Echóse un bando, diciendo
que aquel soldado que hubiese
adquirido en el encuentro
un joyel con un retrato,
le diese a rescate luego.
Prometióse cien escudos
por él, pareció al momento
en el poder de un soldado
manchego, y por mucho menos
le diera. Diósele al duque,
y a mí —que siempre en su pecho
tuve piadoso lugar—
me dio el retrato, diciendo:
«Partid, Octavio, a Milán
en alas de mis deseos,
y decidle de mi parte
a aquel francés caballero
que en generoso rescate
de su dama solo quiero
que tome su libertad;
y así, que se vaya luego.»
Ya veréis, si volvería
alegre a Milán con esto;

pues, obedeciendo yo
a mi superior y dueño,
iba donde me llevaban
a voces mis pensamientos;
con lo cual veréis también
que no es lisonja ni afecto
el haber introducido
dama, amigo, guerra, encuentros,
duque y francés, porque todo
cuanto referí primero,
para volver a Milán,
fue necesario en el cuento.
Volví, pues, a Milán. ¡Nunca
volviera a Milán! ¡Primero,
pluguiera el cielo, una bala
rémora de mis deseos
fuera, parándome el curso
en el mar de mis tormentos!
Pues embajador apenas
de amor cumplí con el feudo
cuando, partiendo a la casa
de mi dama, hallé... El aliento
aquí me falta, y aquí
la voz, desde el labio al pecho,
es un tósigo, un puñal,
es un cordel, un veneno
que me aflige, que me hiere,
que me abrasa y deja muerto;
porque hallé...

(Sale Ursino.)

Ursino   ¡Don Juan!

Juan	¿Señor?
Octavio (Aparte.)	(Interrumpióme a buen tiempo, para que vuelva a tomar en mis desdichas aliento.)
Juan	¿Tú en este cuarto?
Ursino	A buscarte, muy quejoso de ti, vengo.
Juan	¿Tú de mí quejoso?
Ursino	Sí.
Juan	¿En qué disgustarte puedo, si como a señor te aclamo, como a padre te obedezco?
Ursino	En haberme dilatado una dicha tanto tiempo como ha que el señor Octavio está en casa. ¿No merezco tener parte yo de un huésped que a honrarnos viene? ¿No debo dar gracias a la Fortuna de este gusto, de este aumento?
Juan	Con causa te quejas; digo, que te ofendió mi silencio neciamente; pero fue gusto de Octavio.
Octavio	Yo beso

33

tus plantas por la merced
que me haces; que como vengo
a sola una diligencia
a Verona de secreto,
no quise darte cuidado,
porque he de volverme luego
a Milán.

Ursino
             Mucho agraviaste
obligaciones que tengo,
Octavio, a tu sangre.

Octavio
          Soy
tu esclavo.

Ursino
            Pues ya que puedo,
informado de mi dicha,
hablar libremente, quiero
que un cuarto se te aderece
que, por ser al parque, creo
que te diviertas; que son
sus vistas por todo extremo.

Juan
            Con tu licencia, señor,
no saldrá de mi aposento;
porque los dos lo pasamos
bien aquí, y el cuarto creo
que, al venir tarde o temprano,
te dé ruido.

(Sale Celio.)

Celio (Aparte.)
             (¿Aquí está el viejo?
¿De cuándo acá nos visita?

Escondo el papel.)

Ursino   No quiero
                         embarazar vuestros gustos;
                         pues solamente pretendo
                         que sepáis, señor Octavio,
                         que sé que en mi casa os tengo.

Octavio   Los años vivas del Sol.

(Vase Ursino.)

Celio   Octavio, yo te agradezco
                         que no dijeses «del fénix»,
                         arrendador de lo eterno.
                         Y si quien trae buenas nuevas
                         y quien las dice de presto
                         albricias nuevas merece,
                         papel hay, venga dinero;
                         y si no, no habrá papel.

Juan   Daca.

Celio   ¿Qué es «daca»? Primero
                         he de «tomacar».

Juan   ¡Qué loco
                         estás! Proseguid; que tengo,
                         hasta saber en qué para,
                         pendiente el alma del cuento.

Octavio   Leed primero el papel;
                         que buenas nuevas no creo
                         que es bien, don Juan, dilatarlas.

Juan   Con vuestra licencia leo.

(Lee para sí.)

Octavio   Contento leéis. ¿Podré
                             daros parabienes?

Juan   Creo
                             que será agraviar, Octavio,
                             tanta ventura con ellos.
                             Ya os he contado otra vez
                             que el tratado casamiento,
                             para que entonces mi padre
                             me llamó, no tuvo efecto;
                             ya os dije cómo pensaba
                             casarme a mi gusto, haciendo
                             a una dama, a quien adoro,
                             del alma y la vida dueño;
                             ya os conté cómo la hablaba
                             de noche y que por respeto
                             de un hermano que ha venido,
                             con quien amistad profeso,
                             con este intento no más,
                             pues le visito y le veo,
                             y apenas sabe mi casa
                             ni conoce, según creo,
                             a mi padre, por agora
                             se puso a mi amor silencio.
                             Pues leed; veréis que escribe
                             que hablarla esta noche puedo
                             dentro de su misma casa.

(Toma don Octavio el papel y lee para sí.)

¿Qué os parece?

Octavio   ¡Grande extremo
de amor!

Juan   Hora es ya de ir.
Perdonadme; que si pierdo
la ocasión, pierdo la vida.
Tú, dame la capa presto
y un broquel. Adiós, Octavio.

(Vase Celio.)

Octavio   Aguardad, don Juan, teneos;
porque habéis de hacer por mí
una fineza que quiero
suplicaros.

Juan   ¿Qué mandáis?

Octavio   Esta dama os pone a un riesgo
notable, y os da licencia
que para el seguro vuestro
llevéis un criado.

Juan   Sí.

Octavio   Pues en cualquiera suceso
¿cuánto es mejor un amigo
de satisfacción y esfuerzo?
Yo, como vuestro criado,
he de ir con vos, pues es cierto
que yo para todo trance

os seré de más provecho.

Juan
Claro está que lo seréis,
y aunque os estimo el consejo,
hay una dificultad;
que le nombran a él, y temo
que se disgusten.

Octavio
¿Hay más
que decir que soy el mesmo?
Que yo sabré recatarme.

Juan
Y si os hablasen —que a Celio
le tienen allá por hombre
de humor y de pasatiempo—
¿qué habéis de hacer?

Octavio
Pediré
licencia a mis sentimientos,
y diré mil disparates;
que para todo hay remedio.

Juan
Sois mi amigo.

(Sale Celio.)

Celio
Aquí está ya
capa, broquel y sombrero.

Octavio
Dame tú la tuya a mí,
y quédate.

Celio
Lo consiento
sin más notificación.

Juan	Vamos, Octavio.

Octavio   Aunque llevo
tantos pesares conmigo,
como sabéis, algún tiempo
he de gastar buen humor,
mientras soy criado vuestro.

(Vanse. Salen doña Leonor, y doña Lisarda en traje de criada.)

Leonor   Huélgome de que seas
testigo de mi amor, para que veas
desde cerca el intento
con que se atreve al Sol mi pensamiento;
que si me recataba
de ti, Lisarda, fue porque pensaba
que cuerda me quitases
la ocasión, pero no porque llegases
a examinarla y verla
como tú no me quites el tenerla.

Lisarda   Yo estimo el haber dado
tan buen corte a tu gusto y mi cuidado
que, conformando extremos
tan contrarios, Leonor, las dos estemos
gustosas de una suerte.
Mas solo un punto que me falta advierte:
el día que llegare
a pensar —¿qué es pensar?— que imaginare
que yo soy la que ha hecho
espaldas a tu amor y de tu pecho
en esto tuve parte,
Leonor, te persuade que es quitarte

la ocasión.

Leonor   El callarlo te prometo,
            aunque yo sea mujer y él sea secreto.

Lisarda   Pues que ya recogida
            está la casa y yo vengo vestida,
            sin que oro brille y sin que cruja seda
            que informar a don Juan de quién soy pueda,
            vete a hacer la deshecha,
            para que se desmienta la sospecha,
            con aquella criada
            que para abrir la puerta está avisada.

Leonor   Ya dije que has sabido
            tú la ocasión, Lisarda, que ésta ha sido
            la causa de dejalla,
            con que no es menester aseguralla.

Lisarda   ¿Y vino nuestro hermano?

Leonor   No vino. Pero aquése es temor vano;
            porque del nuestro tiene
            su cuarto muy distante, y cuando viene,
            se entra en él, sin que sea
            fuerza que este jardín mire ni vea.

(Hacen ruido dentro.)

Lisarda   ¿Qué es aquello?

Leonor   Es la seña.
            Ve a abrir la puerta, pues.

Lisarda	Con no pequeña
	turbación.
Leonor	Pues ¿de qué, di, vas turbada?
Lisarda	¿No ves que hago el papel de la criada?
	¿Don Juan?

(Llega a abrir. Salen don Juan y Octavio.)

Juan	Sí, Nise bella;
	yo soy quien busca al Sol con una estrella..
Lisarda	Pisa quedo; que, aunque está
	su hermano fuera de casa,
	Lisarda no duerme.
Juan	Escasa
	de luz la noche, no da,
	Nise, solo un rayo.
Lisarda	Ya
	en presencia de Leonor
	será luz y resplandor
	la tiniebla oscura y fría.
Juan	Dices bien; que todo es día
	con el Sol.
Leonor	¡Don Juan, señor!
Juan	¡Leonor, señora, mi bien!
	Deja que en honestos lazos
	supla la fe de los brazos

lo que los ojos no ven.

| Leonor | ¿Cómo se atreviera quien no te estimara a una acción semejante? |

Leonor

¿Cómo se atreviera quien
no te estimara a una acción
semejante?

Juan

Deudas son
que a tu recato prevengo,
y solo a pagarlas vengo.

Leonor

¡Nise!

Lisarda

¿Señora?

Leonor

Atención
has de tener con el cuarto
de Lisarda, no despierte
y a echarnos menos acierte.

Lisarda

Yo tendré cuidado harto
de Lisarda.

Octavio

Yo me aparto
hacia la puerta a mirar
que nadie salir ni entrar
pueda.

Leonor

¿Es Celio?

Octavio
(Aparte.)

Leonor, sí.
(Mi crianza empieza aquí.)

Leonor

Pues ¿cómo, no hay más hablar?

Octavio

No hay más hablar, porque más
callar viene más a cuento;
que el primero mandamiento
de amor es: no estorbarás.
No fui tan necio jamás
que jugué con quien supiese
más que yo, ni que esgrimiese
con amigo que estimase,
que con mi amo me burlase,
que con mi moza riñese;
   ni con necios porfié,
ni con sabios argüí,
ni con señor competí,
ni de dama me confié,
ni con celos me ausenté,
ni tuve al fin por favores
cintas, cabellos ni flores;
ni en sucesos semejantes
me puse entre dos amantes
que se están diciendo amores.

(Hablan aparte don Juan y don Octavio.)

Juan

Bien el modo has imitado
de Celio... mas oye.

Octavio

Di.

Juan

Puesto que has de estar aquí,
divierte un poco el enfado
con el humor de criado.
Con esto conseguirás
dos cosas; y es que estarás
con Nise bien divertido,

43

y, siendo Celio fingido,
él mismo parecerás.

Octavio   Yo voy; pero no quisiera
echarlo a perder.

Lisarda (Aparte.)   (No sé
cómo hablar con él, porqué
el callar más yerro fuera.
Mas sea de esta manera...
¡Ah, Celio!)

Octavio   ¿Nise?

(Siéntanse don Juan y doña Leonor, don Octavio llega a hablar con doña Lisarda.)

Leonor (Aparte.)   (¡Ay de mí!)
Que me entretengas aquí
quiero.

Octavio   ¿Entretenerte quieres?
Por ventura, Nise, ¿eres
la mujer de Montení?

Lisarda   Tu buen humor me convida.

Octavio   Pues miente mi buen humor,
como un mal convidador
que conozco en esta vida,
el cual para una comida
tres amigos convidó
de falso, y cuando llegó
del convite el aplazado

día, él muy descuidado,
sin esperarlos, comió.
   Entraron, cuando ya estaba
al «Ite, comida est»,
y colérico después
a su despensero echaba
la culpa, con que no hallaba
que comer; y uno, a quien llama
segundo Apolo la fama,
al tal convite movido,
antes muerto que nacido,
hizo este breve epigrama:

   «Tiene Fabio al parecer
despensero a su medida,
que al que convida se olvida
de traerle que comer.
   Si en convidar, Fabio amigo,
gastas tan poco dinero,
préstame tu despensero,
y vente a comer conmigo.»

Lisarda	Bueno el epigrama es.
Octavio	Consiento el llamarle bueno, porque he dicho que es ajeno.
Lisarda (Aparte.)	(Bien va sucediendo, pues no me conoce.)
Octavio (Aparte.)	(¡Que des, oh Amor —tu deidad te abona—, nombre y voz de otra persona!)

Lisarda (Aparte.)   (En verdad que es extremado
el pícaro del criado.)

Octavio (Aparte.)   (No huele mal la fregona.)

Leonor   ¿Tanto estimas el tener
esta ocasión?

Juan   Sí; y agora
que duerme la blanca aurora
en lecho de rosicler,
oh Leonor, quisiera ser
de toda esa esfera dueño
o, con el opio y beleño
que da el monte de la Luna,
infundir en la fortuna
del orbe silencio y sueño.

Leonor   Aunque en mi mano tuviera
el orden del cielo yo,
hoy el curso del Sol no
parara ni detuviera;
antes más prisa le diera,
por sentir el verte ausente;
que quien ama firmemente,
don Juan, que trocara sé
las glorias de lo que ve
a penas de lo que siente.

Lisarda (Aparte.)   (Ya que más segura estoy
en lo que sé, le he de hablar;
pues así no podré errar.)
¿Y cómo saliste hoy
de con Lisarda?

46

Octavio (Aparte.)   (Aquí doy
al través. Mas la voz mía
por mayor responda.) ¿Había,
hermosa Nise, de hacer
caso yo de esa mujer?
Todo al fin fue niñería.

Lisarda   No mucho, porque yo sé
que es mujer que cumplirá
lo que dijere.

Octavio   No hará.

Lisarda   ¿Por qué?

Octavio   Yo me sé por qué.

Lisarda   Ella es fiera.

Octavio   Ya yo sé
que ella es fiera averiguada.

Lisarda   Como nunca enamorada
se vio, y nunca quiso bien,
no tuvo duelo de quien
lo está.

Octavio   Ella es una menguada.

Lisarda   ¿Menguada?

Octavio   Y un argumento
lo podrá probar mejor.

Lisarda	¿Y es...?
Octavio	Que quien no tiene amor...
Lisarda	¿Qué?
Octavio	No tiene entendimiento.
Lisarda	Ése es falso fundamento.
Octavio	No es sino fino.

Lisarda   Es error
dar a amor tan superior
grado.

Octavio   Pues oye, y sabrás
que no se apartan jamás
entendimiento y amor.
  Es amor una pasión
del alma, tan firme en ella,
que a duración de una estrella
se mide su duración;
un carácter o impresión
fija que lleva la palma
al tiempo, una dulce calma
que al alma suspensa tiene,
tan alma suya, que viene
a ser el alma del alma.
  Que como si uno se atreve
fuego y nieve a mezclar, luego
vendrá la nieve a ser fuego
o el fuego vendrá a ser nieve;

porque a la unión se le debe
tomar el hielo o ardor;
así amor y alma, en rigor,
juntándose en una calma,
o el amor ha de ser alma
o el alma ha de ser amor.
    Luego, si es en mi argumento
al amor el alma igual,
y del alma principal
potencia el entendimiento,
también del amor, atento
a que ya es alma el amor,
y él, como parte inferior
del alma, le ha de asistir,
que el criado ha de servir
al huésped de su señor.
    El amor lleva tras sí
al alma, lleva después
al entendimiento, que es
parte del alma; y así
queda bien probado aquí
que pecho en quien no halló asiento
amor, y quedó violento,
no fue porque fue cruel,
sino porque no halló en él
ni alma ni entendimiento.

Lisarda (Aparte.)   (Bachiller es el criado.)
Diga contra esa opinión
la experiencia una razón.
Yo vi un necio enamorado;
luego es error haber dado
al entendimiento fama
que dueño de amor se llama,

pues amar un pensamiento
no está en el entendimiento,
supuesto que un necio ama.
  Y apura más mi razón.
¿Cuántos, por haber querido,
su entendimiento han perdido?
Pues estos efectos son
de una amorosa pasión,
¿cómo, dime, puede ser
entendimiento el querer?
Que amor de su mismo asiento
no echara al entendimiento
si le hubiera menester.

Octavio (Aparte.)   (Bachillera es la señora.)
Cualquiera que un arpa mida,
hace que responda herida,
no que responda sonora.
Con esto te he dicho agora
que un necio amará también;
mas no sabrá amar; que quien
ama sin entendimiento
sonar hace el instrumento
pero no que suene bien.

(Dentro ruido.)

Lisarda   ¡Escucha, ay de mí!

Octavio   ¿Qué es esto?

Lisarda   La puerta abren del jardín.

Octavio   La cuestión tuvo mal fin.

Lisarda	¡Señora!
Leonor	¿Nise?
Lisarda	Huye presto;
	que la suerte nos ha puesto
	en gran mal. Tu hermano viene
	por el jardín, como tiene
	llave de él.
Leonor	¡Triste de mí!
Lisarda	Huyamos presto de aquí.
	A los dos salir conviene
	por las tapias.
Juan	Saltad vos.
Octavio	Tente, señor; que no es bien;
	que hasta que libres estén,
	no hemos de salir los dos
	de aquí.
Leonor	Pues adiós.
Juan	Adiós.

(Vanse doña Leonor y don Juan.)

Octavio	Pues no vuelven a hacer ruido
	agora me iré, advertido
	de que quedas sin cuidado.

51

Lisarda   ¡Válgate Dios por criado
tan valiente y entendido!

Fin de la primera jornada

Jornada segunda

(Salen doña Leonor y doña Lisarda.)

Leonor
¡Notable melancolía
es la tuya! ¿No pudiera,
para ayudarte a sentirla,
tener parte en tus tristezas?
Descansa conmigo a solas.
¿Qué sientes?

Lisarda
Si yo supiera
decir, Leonor, lo que siento,
no fuera mi mal, no fuera
grave mi dolor; porque
no es posible que se sienta
más que se dice; y aquello
que se llora y que se cuenta
no es mucho; que antes el mal
con eso se lisonjea.
Y yo estoy tan bien hallada
con el mío que quisiera
que durara sin matarme,
porque las desdichas nuevas
de morir aquel instante
no me tuviesen contenta.

Leonor
Ésa no es melancolía,
es frenesí, es rabia, es fuerza
de mayor causa; y, supuesto
que decírmela no quieras,
no me la niegues, si yo
la supiere.

Lisarda (Aparte.)   (¡Yo estoy muerta!
                        ¿Si mis extremos la han dicho
                        la ocasión?) Como la sepas
                        tú, yo no la negaré.

Leonor   ¿Es, por ventura, tu pena
                        corrida de lo que has hecho
                        conmigo, siendo tercera
                        estas noches de mi amor?

Lisarda   Aunque alguna parte es ésa,
                        no toda. Di, si imaginas
                        otra cosa.

Leonor   Solo ésta
                        me daba cuidado.

Lisarda   Pues
                        persuádete que no es ésa;
                        y, supuesto que mi mal
                        comunicarse no deja,
                        no apures mi sufrimiento.

Leonor   Dime, ¿en qué alegrarte pueda?

Lisarda   En dejarme; porque un triste
                        consigo solo se alegra.

Leonor   Obedecerte deseo.
                    Contigo, hermana, te queda.
(Aparte.)   (¡Gran pasión es ésta, cielos!
                    ¡Quiera Dios que por bien sea!)

(Vase doña Leonor.)

Lisarda   Ya estoy sola, ya bien puedo
dejar al dolor la rienda,
dar al aliento la voz,
soltar al llanto la presa
y, en mal pronunciadas voces
y en lágrimas mal deshechas,
dar corrientes y suspiros
a los ojos y a la lengua.
Salgan, pues, salgan del pecho
tantas desdichas y penas.
Mas no salgan; que, aunque estoy
sola, es tan grande la afrenta
que padezco que, al decirlas,
aun de mí tengo vergüenza.
Y, antes que mi agravio diga,
el primer acento sea
la disculpa, como aquél
que en una prisión espera
morir de veneno, y toma
primero la contrayerba.
Tres peligros tiene amor;
uno el que la voz alienta,
otro el que la vista admite,
y otro el que el oído engendra.
Conociendo el de los ojos,
les dio la naturaleza
párpados, porque no fuese
disculpa el ver una ofensa.
En la lengua puso luego,
como a monstruo, como a fiera
terrible, mayores guardas
de candados y de puertas,
tras canceles de coral,

otras murallas de perlas.
Pues, siendo así que previno
para los ojos defensa,
defensa para la voz,
¿cómo olvidó que tuviera
defensa el oído, siendo
el que aprende más apriesa?
Pues de lo que hace y ve
un hombre menos se acuerda
que de lo que oye; y no solo
no hay guardas que le defiendan,
pero tiene, porque vaya
la voz más sonora y cierta,
quien la recoja, pues son
arcaduces las orejas.
Y, apurado este discurso,
llevada de mis tristezas,
de lo que miran mis ojos,
ya con esta recompensa,
lo que lloran ellos mismos
de sus agravios se vengan;
de lo que la lengua dice
con suspiros la consuela;
mas el oído no tiene
ni consuelo ni defensa.
Dígalo yo que, engañada
oí la falsa sirena
de un hombre... Pero aquí el llanto
anegue la voz, y sea
mar de desdichas mi pecho,
adonde corra tormenta.
¿A un hombre —aquí me suspende
segunda vez la vergüenza—
de humilde estado, de poca

estimación y de prendas
tan bajas, pudo el oído
tanto que la voz sujeta
y el pecho que ha sido el centro
de altivez y de soberbia?
¿Yo —¡cielos!— yo a una pasión
tan rendida y tan resuelta
que me desvele un criado,
un pícaro? La paciencia
me falta. ¡Oh qué bien, amor,
de mis desdichas te vengas!
Un solo camino hallo
de vencer esta inclemencia
del cielo, que es verle presto;
que el verle de día refrena
la pasión que de escucharle
de noche nace. Con esta
intención le dije anoche
que a verme a estas horas venga,
pensando que Nise soy,
y estoy esperando atenta;
que si, viéndole de día
con tal traje y tales señas
de hombre bajo, mi furor
tras sí me arrastra y despeña,
tengo de darle la muerte,
porque con su vida mueran
tantos abismos de males,
tantos piélagos de afrentas,
tantos Etnas de desdichas,
tantos Volcanes de afrentas,
tantos montes de peligros,
tantos mares de sospechas,
tantos linajes de agravios,

tantos géneros de penas.

(Sale Celio sin verla.)

Celio (Aparte.)   (Octavio y don Juan me dicen
que a buscar a Nise venga,
que ella dirá que me quiere,
y que la otorgue y conceda
cuanto me dijere. Yo
no sé qué enigmas son éstas.
Ellos se vienen de noche
con disfraces y cautelas
sin mí, que ya no parezco
escudero de comedia,
según que no me hallo en todo;
y, siendo así que recelan
de mí no sé qué secretos,
que allá entre los dos conciertan,
me dicen que hable con Nise.
Pero Lisarda es aquesta.)

Lisarda (Aparte.)   (¡Qué presto vino! ¡Que un hombre
tal con cuidado me tenga!)
¿A qué efecto me nombraste?

Celio   Por mi devoción; que es buena
la que con Santa Lisarda
tengo, que yo no pudiera
con otro efecto nombraros;
y, si es que os nombrara, fuera
por diosa de la hermosura,
por ninfa de la belleza,
emperatriz de la gala,
y de la discreción reina,

archiduquesa del garbo,
de lo prendido duquesa,
marquesa de lo parlado
y del aseo condesa,
y vizcondesa de nadie;
que no ha de ser vizcondesa,
Lisarda, si en la demanda
perder un ojo me cuesta;
que menos importará,
para lo de Dios, que sea
yo, hermosa señora mía,
bizco que vos vizcondesa.

Lisarda (Aparte.)   (¿Que tan frías necedades,
que frialdades tan necias
como éstas a una mujer
como yo cuidado cuestan?
¡Castigo del cielo ha sido!)

Celio (Aparte.)   (¡Mucho la vista pasea
por mi estatura; sin duda
que los palos me tantea,
quizá porque los esclavos
los den por razón y cuenta.)

Lisarda (Aparte.)   (En esto el remedio hallo;
que no hay cosa que aborrezca
más que a este hombre, si le miro.
Mas disimular es fuerza,
si así tengo de sanar.)
¿No os dije yo que no os viera
aquí otra vez?

Celio   Sí, señora,

de lo dicho se me acuerda;
pero como son esclavos
los que han de hacer la faena,
trayendo al cuerpo del guardia
de mis costillas su leña,
no me dio mucho cuidado;
que no hay ninguno que sea
más vuestro esclavo que yo;
y, siendo yo esclavo, es fuerza
que como a prójimo suyo
ni me toquen ni me ofendan.

Lisarda (Aparte.)   (¡Donaire de la amenaza
hace! Claramente muestra
el valor con que le he visto
alguna noche a mi puerta,
al lado de su señor,
sobre espadas y rodelas
desembarazar la calle,
para quedar solo en ella,
y es valiente. Mas ¿qué importa,
si es quien es?)

Celio (Aparte.)   (Diome otra vuelta.
Yo pienso que me retrata,
según me mira de atenta.)

Lisarda (Aparte.)   (¡Qué mal talle! Pues la cara,
¡qué fealdad!)

Celio (Aparte.)   (Haré una apuesta
que está diciendo entre sí:
«¡Qué generosa presencia!»

(Dentro don Sancho.)

Sancho   Ten, Fabricio, ese caballo.

Lisarda   Don Sancho es el que se apea.

Celio   Siempre con don Sancho tuve
azar, y aquí no quisiera
que me hallara; que es un Cid.

Lisarda   Que una desdicha suceda
temo, y más siendo la causa
yo de que ahora a verme venga.
Excusarla me conviene.
En este aposento entra.

Celio   ¿Qué es aposento, señora?
En un desván me metiera.

(Vase Celio.)

Sancho   ¿Estás sola?

Lisarda   Si no son
compañía las tristezas,
sola estoy.

(Cierra la puerta don Sancho.)

                    ¿Qué es lo que haces?

Sancho   Cierro, Lisarda, la puerta;
que quiero quedar contigo
a solas.

Lisarda (Aparte.)   (La puerta cierra.
Él le ha visto.)

(Sale Celio al paño.)

Celio (Aparte.)   (Malo es esto;
todos vustedes me sean
testigos, por si me mata,
de que protesto la fuerza,
para que pueda pedir
después entre la sententia
la nulidad de mi muerte.)

Lisarda (Aparte.)   (¡Ya cerró, yo quedo muerta!)

Sancho   Muchas veces deseé
que ocasión se me ofreciera
de hablar contigo, Lisarda,
y ninguna es como aquesta;
que si algún criado mío
te informó de la manera
que suelen, lo que me trajo
de Milán quiero que sepas.

    Yo vi en Milán una mujer tan bella...
no digo bien mujer... yo vi una diosa,
en los cielos de abril fragante estrella,
en los campos de Sol luciente rosa,
tan entendida, tan sagaz, que en ella,
como de más estaba el ser hermosa,
que parece formó Naturaleza
entre la discreción tanta belleza.
    Tal fue que, habiendo a mi desvelo dado

más de alguna ocasión y habiendo sido
agradecido imán de mi cuidado
y no ingrata prisión de mi sentido,
habiendo, pues, a mi temor librado
necios favores que borró el olvido,
con nueva voluntad, con nuevo empeño,
mudable me dejó por otro dueño.
　Súpelo yo después de una criada
que me dijo que ciega pretendía
aquella misma noche dar entrada
en su casa al galán que la servía;
pero que ella, a mis ansias obligada,
no a mis dádivas, dijo me ofrecía
venderme la ocasión. ¡Oh cuántas famas
las criadas vendieron de sus amas!
　Agradecí el aviso; que un celoso
le debe agradecer, aunque le pese;
y esperaba la noche cauteloso,
para que paso a mis traiciones diese,
cuando, viniendo a verme su penoso
amante, sin saber que yo lo fuese,
contándome sus dichas y desvelos,
creció más la congoja de mis celos.
　Confieso que, si entonces me dijera
lo que yo en los amores ignoraba,
quedar secreto a su amistad debiera,
morir primero a mi lealtad tocaba;
mas si yo de su amor tan capaz era
que lo supe antes que él me lo contaba,
ni niego la fineza del efeto;
que lo que dos me dicen no es secreto.
　Abrióme, pues, la puerta la criada,
guiándome a su cuarto, donde aquella
deidad de la inconstancia profanada

estaba, tan mudable como bella.
La criada a la luz fingió turbada
desconocerme, y más turbada ella,
sin fingirlo, quedó sin que supiese
cuál la verdad, cuál lo fingido fuese.
   Dio voces, bajó gente, y mis venganzas
probaron en algunos los rigores.
Si estorbé de su amor las esperanzas,
si olvidé de mi olvido los favores,
si burlé de una fiera las mudanzas,
si castigué de un áspid los errores,
dilo tú, aunque ignorante me castigas,
pero no es de tu estado; no lo digas.
   Esto te he dicho porque no imagines
de mí que hacer, sin gran disculpa, puedo
cosa indigna de mí, ni determines,
si yo bien puesto o si mal puesto quedo;
que no es bien que me arguyas ni examines,
para poner a mis acciones miedo
y disculpar lo que en mi casa pasa;
que, Argos de honor, he de velar mi casa.

(Vase don Sancho.)

Lisarda (Aparte.)   (¿Hay cosa como pensar
mi hermano, como me vio
tan de su parte, que yo
fuese la que dio lugar
   a aquel criado, y que he sido
la que, admitiendo al criado,
la pendencia ha ocasionado?
Aun si le hallara escondido,
   con más razón lo dijera;
pues es verdad que yo soy

quien le dio la ocasión hoy
de que a buscarme viniera.
  Mas ya que el temor resisto
y él se fue, bien empleado
ha sido el susto pasado,
a trueco de haberle visto;
  pues verle solo será
remedio.) ¡Ah, Celio!

(Sale Celio.)

Celio   ¿Señora?

Lisarda   Bien podéis salir agora,
que mi hermano se ha ido ya;
  pero mirad lo que os digo,
que no atribuyáis la acción
que habéis visto a otra ocasión
estorbar vuestro castigo
  a mis ojos.

Celio   No se crea
tal de mí, ni tal se espere;
y si tal atribuyere,
que atribuido me vea
  a los ojos del Señor,
y con esto y con besar
aquese pie singular,
cifra que asienta el amor,
  pie que a persona se atreve,
pie que en mi pie lugar toma,
pie que un notario de Roma
le despachó por lo breve,
  pie duende, pues en rigor

no se sabe si es verdad,
y pie tan menor de edad
que le pueden dar tutor;
  me iré con compás de pies,
alegre y agradecido,
avisado y advertido
de tu piedad.

Lisarda	Oye pues.
Celio	Otrosí, ¿qué mandas?
Lisarda	Mando que no me vuelvas aquí otra vez.
Celio	Harélo así, «Las tres ánades» cantando.
Lisarda (Aparte.)	(Mas ¿por qué me quito yo el remedio de mi mal, si es que con seguro igual amor mi remedio halló?) Celio, oye.
Celio	No me detengas, de todo estoy avisado; que no venga me has mandado.
Lisarda	Pues ya te mando que vengas. Licencia, Celio, te doy; ven a verme, porque el verte solo ha de excusar mi muerte.
(Aparte.)	(Mas ¿qué digo? ¡Loca estoy!)

(Vase doña Lisarda.)

Celio   ¡Cielos! ¿Quién ha de entender
         la cifra de aqueste enfado?
         Mas, pues solo me han dejado,
         un soliloquio he de hacer.
           Recibirme melindrosa
         Lisarda, hablarme turbada,
         advertirme recatada
         y guardarme generosa,
           enfadarse y desdecirse,
         quererme ir y enfadarse,
         despedirme y retractarse,
         mandar que venga y partirse
           ¿no me está diciendo aquí
         —que no es otra cosa, no—:
         «Necio, entiéndeme; que yo
         me estoy muriendo por ti?»
           ¡Pues alto, esperanza vana!
         No hay en esto duda alguna;
         que el que es de buena fortuna,
         lo que no envida no gana.
           Desde hoy tengo de asistir
         noche y día; desde hoy
         su eterna figura soy;
         pues que yo puedo rendir,
           con mi buen arte y con mi
         buen ingenio y mi gallarda
         presunción, una Lisarda
         de las más lindas que vi.

(Vase Celio. Salen don Juan, Ursino, y don Octavio, de noche.)

Octavio	Los dos, señor, contigo sirviéndote hemos de ir.
Ursino	Ya, Octavio, os digo que es conmigo excusado afectar ese honor, ese cuidado.
Juan	¿Has de ir solo a esta hora?
Ursino	Pues ¿quién me ha de ofender?
Octavio	Ninguno ignora que es rayo tu cuchilla, que del rebelde ha sido maravilla; mas no porque lo fueses nos excusa a los dos de descorteses si, habiéndote aquí hallado, te dejamos ir solo.
Ursino	Ya habéis dado en eso, y lo consiento de vos, Octavio, porque Juan, atento a la obediencia mía, no os deje solo, porque más querría ser hoy con vos grosero yo, que no que él lo sea.
Octavio	Solo quiero responder a ese agravio, muda la voz y suspendido el labio.
Juan	¿Dónde vas?
Ursino	Aquí a casa

de César, donde se divierte y pasa
la noche en tener juego,
conversación y rifas, e irme luego.
Ésta es la casa, despediros puedo;
idos con Dios, que yo seguro quedo.

Juan   ¿Entraremos contigo?

Ursino   No; que no quiero yo que sea testigo
de si juego o no juego,
para alentar tus inquietudes luego.

(Vase Ursino.)

Octavio   Bien vuestro padre ha andado,
propio despejo de tan gran soldado:
reñir con bizarría.

Juan   Pues no quisiera hoy la suerte mía
que haber andado bien hubiese sido
en eso.

Octavio   Pues ¿en qué?

Juan   En haber venido,
ya que le acompañamos,
al barrio de Leonor, pues nos tardamos
por haberle asistido.

Octavio   Antes, don Juan, más presto hemos venido
que otras noches.

Juan   No creo
que vive en vos la fe de mi deseo,

pues temprano os parece.

Octavio   Aunque es verdad que el alma no padece
el ansia ni el afecto,
digno de un alto y singular sujeto,
por Dios, que no ha dejado
de traerme mi poco de cuidado.
Sabed que la criada
parla excelentemente.

Juan   Es extremada.

Octavio   No vi en toda mi vida
pícara tan gustosa y entendida.
Pues ¿qué diré del modo
con que se hace estimar? Calle aquí todo.
Decidme si es hermosa.

Juan   ¿Pudiera haber pregunta más ociosa?
Si vos decís que tan discreta sea,
¿no estáis diciendo a voces cómo es fea?
Pero ya que llegamos,
la seña, Octavio, en esta reja hagamos.

Octavio   ¿Qué va que no responden,
pues poco ha que se esconden
del Sol las luces bellas,
dejando por virreinas las estrellas?

Juan   Fuerza es, pues, que esperemos;
aquí este rato divertir podemos.
Ved qué queréis que hagamos.
Mas pues solos estamos,
sin el impedimento

que os estorbó otras veces, va de cuento.

Octavio   Con el retrato de aquella
                 madama... —aquí me parece
                 que quedamos.

Juan   Es verdad.

Octavio   ...cuya hermosura excelente
                 con vida y con alma estaba
                 en el joyel, de tal suerte
                 que, mirándola y hablando
                 otra dama diferente,
                 quise responder a ella,
                 presumiendo que ella fuese.
                 Llegué a Milán, y a la casa
                 de Monsiur de Orliens, pariente
                 muy cercano de los duques
                 de Orliens, cuyos intereses
                 quizá le empeñaron tanto
                 que, pasando de valiente
                 a temerario, le hicieron
                 deudor de tantas mercedes,
                 dile el recado del duque,
                 y, en la lámina viviente
                 absorto, en muy grande rato
                 no habló; pero en solo verle
                 dijo más que si dijera;
                 que es el silencio elocuente.
                 Luego, con mil ceremonias
                 de rendimientos corteses,
                 me dijo: «Monsiur, al duque
                 mi señor le decid que este
                 esclavo y rendido suyo

le besa los pies mil veces.
Y así, que por no tomar
contra mi dueño excelente
las armas, me volveré
a Francia, pues me concede
la vida y la libertad,
sin que a ello el rey me fuerce.»
He querido decir esto
por no dejaros pendiente
ningún cabo, porque todos
los de la novela queden
atados, si ya no es
porque, advertida y prudente,
rodeos busca la lengua,
para que el dolor no llegue.
Pero en fin, por no huir
el semblante a los desdenes
de la Fortuna, supuesto
que la confianza más fuerte,
cuanto más se recatea,
tanto más se aviva y crece,
que es otra desdicha aparte
la desdicha que se teme;
llegué a la casa —¡ay de mí!—
de Flérida hermosa —que éste
es el nombre— y, cuando en ella
pensé lograr los placeres
perdidos... ¡Qué necedad,
que tal mi pecho creyese,
pues es cierto que ninguno
después de perdido vuelve!
Hallé la casa, que abierta
estaba, sin que me diesen
los adornos seña alguna

de que la habitase gente,
toda desierta, y en toda
una suspensión; que a veces
aun las desdichas se hacen
de rogar, si les parece
que son de provecho. El huerto,
cuyas flores fueron jueces
de mi amor, secas y mustias,
y algunas, sin que naciesen
claveles, lo parecían,
pero sangrientos claveles.
Vi que hacia una parte estaba
la turca alfombra excelente
trocada en funesto lecho
que hacía sombra a unos cipreses.
Todo me puso pavor,
todo tristeza, y de suerte
vi tras mi imaginación
arrebatarse y perderse
el discurso, que temí
dentro en mí mismo perderme.
¿Viste a cóleras del Noto
deshojarse y deshacerse
los nevados tornasoles
de aquel árbol que amanece
a ser alba del verano,
por su rizado copete,
que apenas al mundo vive
cuando maravilla muere?
¿Viste, a violencia de un rayo,
en la campaña celeste
del estío, que son ruina
los árboles y las mieses?
¿Viste océano terrible

que montes de espuma mueve
a los embates de un río,
soberbio con su corriente?
Tal la casa parecía,
ruina que se desvanece
al viento, al rayo, a las ondas,
deshace, desluce y pierde
beldad, pompa y hermosura,
humilde, postrado y débil.
No previniendo la causa
del no pensado accidente,
pensé morir; pero un hombre,
que acaso allí estaba, en breve
informado de mis dudas,
me respondió de esta suerte:
«Aquí vivía una dama,
rica solo de los bienes
de naturaleza, a quien
amó un caballero; éste,
la noche que salió el tercio
de Milán, habrá dos meses,
por la puerta del jardín
entró; no sé quién le abriese;
solo sé que la mujer
dio voces, y que la gente
de su casa acudió, y él,
como atrevido y valiente,
en su defensa mató
un hombre; y según parece,
debió de quedar aquí;
mas las señas lo desmienten.
Salió en fin y ella, turbada,
viendo que a todos los prenden,
se fue a un monasterio, donde

librarse, señor, pretende.»
Nombróme el nombre al fin; era
aquel fiero, aquel aleve
amigo, en quien por mis males
deposité tantos bienes.
Ved qué penoso dolor,
ved qué confusión tan fuerte;
y más cuando de la dama
tuve un papel que me advierte
que por mí su hacienda, vida
y reputación padecen;
que volviese por su honor;
pues es tan cierto que tiene
obligación de pagar
la deuda el que no la debe,
como en su nombre se pida,
y a todo el nombre se preste.
Con esto, pues, empeñado
en matarle o en prenderle,
le busqué, y supe que estaba
en Verona...

Juan   Oye, detente;
no prosigas, hasta tanto
que haya pasado esta gente.

(Salen don Sanchoy gente.)

Sancho   Ellos son; ya no hay que hacer,
sino esperar a que entren.

(Vanse don Sanchoy la gente.)

Octavio   Armas lleva y prevenciones.

Juan

La esquina a la calle vuelven;
y otro hombre por esta parte
mirando las rejas viene.

(Sale Celio con capa rica.)

Celio (Aparte.)

(¡Qué mal un enamorado
descansa, come ni duerme,
si a los umbrales no está
de la dama a quien bien quiere!
Aquí me ha de hallar el día
adorando estas paredes.
¡Ay bellísima Lisarda,
qué de suspiros me debes!
Yo quiero hacer una seña.)

Octavio

¿Si son éstos los valientes
de la otra noche y nos echan,
por ocasionarnos, éste?

Juan

¿De qué suerte lo sabremos?

Octavio
(Llégase a Celio.)

Yo os lo diré; de esta suerte.
Caballero, a mí me importa
sola que esta calle deje.
Y así os ruego que se vaya,
o haráme que se lo ruegue
a cuchilladas.

Celio

No hará;
porque el pedir de esa suerte
es lo mismo que pedir
limosna con pistolete.

Octavio	Pues váyase de aquí al punto.
Celio	Dónde es el punto, conviene a saber, si he de ir allá; si no es que decirme quiere que irme al punto es irme al punto.
Octavio	No del vocablo me juegue, sino váyase.
Celio	No quiero.
Octavio	Yo le haré que quiera.
Celio	¡Tente, señor!
Octavio	¿Es Celio?
Celio	Yo soy. Milagro fue el conocerte, porque si no, ésta es la hora que eres un atún de requiem.
Octavio	¿Qué capa es ésta?
Celio	Una tuya.
Octavio	Pues ¿qué disfraz es aquéste?
Celio	Disfraz de hombre enamorado; que no hay cosa en que se eche de ver más, cuando lo están,

	que en andar limpias las gentes.
Octavio	Nise lo habrá así trazado.
Celio	Nise fue mi remoquete un tiempo; mas ya no es Nise, Ni-se dice, Ni-se puede decir, porque al fin fue amor de medio mogate ése, y éste es de mogate entero.
Juan	¡Ea, vete de aquí, vete!
Celio	No puedo, porque he de estar, hasta que el alba despierte, clavado en estos umbrales, dosel poco, esfera breve de mejor Sol, pues el Sol la luz de Lisarda aprende.
Juan	¿Estás loco?
Celio	Cuerdo estoy; porque quien el juicio pierde por tal causa, cuerdo está.
Octavio	Ésa es ser loco dos veces.

(Sale doña Lisarda al paño.)

| Lisarda | ¡Celio! ¡Celio! |
| Juan | ¿Llaman? |

Celio	Sí.
	Aguárdate tú, no llegues;
	que «Celio» dijeron; y es
	Lisarda que a hablarme viene,
	enamorada de mí.
Juan	Necio estás; mira no quedes
	en la calle. Nise, ¿es hora?
Lisarda	Sí, entra. Mas ¿Celio no viene
	contigo?
Juan	¡Celio!
Celio y Octavio	¿Señor?
Celio	No respondas tú, detente.
Juan	Entra, ¿qué esperas?
Octavio	Pensar
	que he de pasar fácilmente
	del monte de mis pesares
	al jardín de tus placeres.
Lisarda	¡Oh, Celio, seas bien venido!
Octavio	Claro está, si vengo a verte,
	que bien venido seré.
Lisarda	Entra presto, porque cierre.
Octavio	Entro, porque cierres presto.

Lisarda (Aparte.)   (¡Ay, amor, mucho me debes,
                           pues, asegurando el riesgo,
                           quiere amor que a perder eche
                           de noche con escucharle
                           lo que mejoré con verle!)

(Vanse don Juan, doña Lisarda y don Octavio.)

Celio   ¿Qué me toca hacer a mí,
                           viendo en la ocasión presente
                           que a Lisarda, a quien conozco
                           por la voz distintamente,
                           como aquél que de la suya
                           y de la de Nise tiene
                           más noticia, me ha llamado
                           por mi nombre, viendo que entre
                           Octavio a gozar las dichas
                           que solo mi amor merece;
                           pues cuanto de día granjeo,
                           porque el verme la divierte,
                           viene él a gozar de noche?
                           ¡Fiero amigo! ¡Ingrato huésped!
                           ¡Vive Dios, que va de veras
                           el sentir celos tan fuertes!
                           Pero ¿qué mucho, si veo
                           de veras también que llegue
                           a rendirse una mujer
                           de su calidad, de suerte
                           que me viese y que me llame?
                           Mas ¿ya qué remedio tiene,
                           si al que ha de ser desdichado,
                           aun la vida le da muerte?

(Vase Celio. Salen don Juan, doña Leonor, doña Lisarda y don Octavio.)

Leonor
En la alfombra lisonjera
de este cuadro, que es dosel
de la hermosa primavera,
pues las rosas que hay en él
estrellas son de otra esfera,
    cuyos muertos resplandores
a las estampas y huellas
del Sol dicen entre olores,
si esta noche sois estrellas,
mañana seremos flores,
    puedes sentarte.

Juan
                    Y aquí
puedes tú darme del día
cuenta. ¿En qué has pasado? Di.

Leonor
En que la memoria mía
siempre está pensando en ti.
    A la aurora desperté,
la mañana te escribí,
a la tarde te esperé,
de noche, don Juan, te vi
y a todas horas te amé.

Octavio
    Y tú, Nise, ¿en qué has pasado
el día?

Lisarda
                No me he acordado
de ti.

Octavio
            Tú has hecho muy bien;
que ¡por Dios! que yo también
tuve ese mismo cuidado,

	y desde hoy te he de querer por finezas tan extrañas.
Lisarda	¿Qué finezas?
Octavio	¿Pueden ser mayores, pues desengañas a un hombre, siendo mujer? En ninguna mi cuidado desengaño hubiera hallado.
Lisarda	¿Por qué?
Octavio	Porque en todas son la lengua y el corazón un reloj desconcertado.

(Ruido dentro.)

Lisarda	¿Cómo...? Mas ¿qué ruido es éste?
Leonor	¡Ay de mí!
Juan	¡Válgame el cielo!
Lisarda	El cuarto abren de mi hermano.
Leonor	Luz sacan.
Lisarda (Aparte.)	(Aquí me pierdo, si en este traje me ven, y si conocida quedo de don Juan y su criado.)

Juan	¿Qué he de hacer?
Lisarda	Arrojaos presto por las tapias; que nosotras seguras quedamos.
Juan	Celio, ven tras mí.
Octavio	Sí, antes que lleguen, saltar las tapias podemos, será mejor.
Leonor	Dices bien.
Octavio	Ea, pues, salta primero.

(Vanse don Juan y don Octavio. Escóndese doña Leonor. Sale don Sancho con gente.)

Sancho	Guardad las puertas vosotros, pues ya vimos que está dentro.
Lisarda (Aparte.)	(¡Ay infelice de mí!)
Leonor (Aparte.)	(¡Muerta estoy!)
Sancho	Acudid presto.
Lisarda	¿Qué ruido es éste? ¿Qué buscas con tantas armas y estruendo?
Leonor (Aparte.)	(A mí no me ve don Sancho; segura escaparme puedo,

e irme a mi cuarto.)

Sancho   ¿Qué haces
aquí a estas horas?

Lisarda (Aparte.)   (¡Hoy muero!)
Bajé al jardín de esta forma
a solo tomar el fresco.

Sancho   ¡Oh aleve infame!

(Sale un Criado.)

Criado   Señor,
acude a las tapias presto;
que ha saltado un hombre, y otro
va a salir.

Octavio (Dentro.)   ¡Válgame el cielo!
Cayó la tapia, y yo estoy
enterrado antes que muerto.

Sancho   Presto lo estarás.

(Sale don Octavio.)

Octavio   No haré;
porque es un rayo este acero
desatado. Mas ¿qué miro?
¿No es éste don Sancho? ¡Cielos!

Sancho   ¡Cielos! ¿Éste no es Octavio?

Lisarda   Don Juan es éste que veo;

el que saltó fue el criado.
Pues no le conozco, es cierto.

Octavio   Traidor, ahora verás
que de esta suerte me vengo
de los pasados agravios.

Sancho   Villano y mal caballero,
si es que a buscarme has venido,
¿no era más hidalgo hecho
vengarte de mí en mi vida,
que ella te ofendió, primero
que en mi honor? ¿No era mejor
darme muerte cuerpo a cuerpo
en el campo que matarme
disfrazado y encubierto?
Mas antes que del jardín
hagas teatro funesto,
tomaré de dos agravios
dos venganzas; el primero
de mi honor y de esta hermana
he de remediar el riesgo,
haciendo que de marido
la mano la des, y luego
dándote muerte porque,
a dos agravios atento,
ya que en mi honor y en mi vida
quisiste vengarte fiero,
tomen mi vida y mi honor
satisfacciones a un tiempo.
Dale la mano.

Criado   Las puertas
quiebran.

(Dentro golpes.)

Sancho   Todos estad quedos.

Octavio (Aparte.)   (Ésta es Leonor; la criada
era la que se fue huyendo.
¿Habráse visto jamás
otro hombre en mayor empeño?
En casa de mi enemigo,
sin saber cómo, me veo;
cercado de armas y gente
estoy, con indicios ciertos
de amante de la que es dama
del amigo con quien vengo.
¿Cómo he de salir de aquí?
Pues si callo, lo confieso,
y si digo la verdad,
la ley de amistad ofendo.
Mas remítolo al valor;
mejor es matar muriendo.)
Traidor don Sancho, aunque aquí
me ves agora encubierto,
no vengo a ofender tu honor;
a darte la muerte vengo.
Esas paredes salté
solo con aqueste intento,
ni yo conozco a esa dama,
ni sé si es ¡viven los cielos!
tu hermana; y esta respuesta
me debes por su respeto.

Lisarda (Aparte.)   (Don Juan y don Sancho deben
de haber reñido antes de esto.

Esforcemos su disculpa.)
¡Bueno es que tú, loco o necio,
hagas por allá locuras
que obliguen a tanto extremo
como buscarte en tu casa,
y quieras, viniendo a eso,
echarme la culpa a mí,
cuando te busca resuelto!

Sancho   ¡Qué mal, ingrata, pretendes
disculparte, cuando tengo
desengaños yo de todo,
que ha días que los pretendo!
Él ha de darte la mano,
y morir después.

Octavio   Primero
que se la dé, he de morir.

Sancho   Pues mueran los dos.

Lisarda (Aparte.)   (¡Ay cielos!)
Caballero, por mujer
me amparad, si es que os merezco
esta fineza.

Octavio   Hoy será
muralla vuestra mi pecho.

(Acuchíllanse, y retíranse hacia una puerta don Octavio y doña Lisarda.)

Sancho   Sí, pero poca muralla.

Lisarda (Aparte.)   (Mucho una desdicha temo.)

Sancho	En vano el valor se alienta.
Octavio	La ventaja te confieso, pero he de morir matando.
Sancho	Pues yo he de matar muriendo.
Octavio	El umbral de aquesta puerta sea el sagrado postrero de mi vida.
Sancho	Tu sepulcro ha de ser este aposento, porque no tiene salida.
Lisarda	De tu vida es el remedio.
Sancho	¿De qué suerte?
Lisarda	De esta suerte.

(Éntrase don Octavio retirando, y cierra la puerta doña Lisarda.)

Criado	Cerró la puerta.
Sancho	En el suelo la echaré.
Criado	¿Cómo es posible, que son dos personas dentro que la guardan y defienden?
Octavio (Dentro.)	Yo así mi vida defiendo

por morir para matarte.

Sancho (Aparte.)   (Cobarde soy, pues no intento
derribar aquestas puertas.
No en vano —¡vil pensamiento!—
supo Lisarda que yo
dejaba en Milán —¡ah cielos!—
quejoso de mí un amigo,
si él lo dijo.) Mas ¿qué es esto?

Criado   Que han trepado por las rejas.

(Baja don Juan por una reja que habrá.)

Sancho   ¿Quién va?

Juan   Un hombre que resuelto
viene así a morir al lado
de un amigo.

Sancho   Yo agradezco,
oh don Juan, como es razón,
la fineza y el deseo,
pues no dudo que el oír
en mi casa aqueste estruendo
os habrá obligado a hacer
por mi amistad tal extremo.

Juan   Don Sancho, aquí soy testigo
de la obligación que tengo,
y he de acudir a la parte
que es más forzosa primero.
Perdonadme.

Sancho   ¿Que os perdone
decís, cuando os agradezco
venir así? Y pues se llega
siempre en desdichas a tiempo,
las mías sabed, que pongo
en vuestras manos. Yo tengo
dentro de mi casa un hombre
que a matarme entró resuelto,
y aun dos muertes; que si ha sido
en los generosos pechos
vida del alma el honor,
el alma también me ha muerto.
Con una de mis hermanas
ha hecho fuerte ese aposento.
Si le doy muerte atrevido,
de mi hermana el honor pierdo;
y si le dejo con vida,
vivo un enojo me dejo.
¿Qué he de hacer en tales dudas?

Juan (Aparte.)   (¿Habráse visto suceso
semejante? ¿Con don Sancho
era de Octavio el empeño?
Yo le he traído a esta casa;
mal haré si aquí le dejo.
Si un amigo hace de mí
confianza, y si le ofendo,
las esperanzas de ser
de Leonor esposo pierdo.
A librar a Octavio vine,
y cuando librarle intento,
me dicen que está encerrado
con Leonor, para ser dueño
de su amor.)

Octavio (Dentro.)   Aquella voz
conozco; salir pretendo.

Lisarda (Dentro.)   No hagas tal.

Octavio (Dentro.)   ¡Aparta!

Lisarda (Dentro.)   Yo
de aquí a salir no me atrevo.

(Abre la puerta, sale don Octavio, y vuelve a cerrar doña Lisarda.)

Octavio (Aparte.)   (Miedo de mujer cerró.
Mas ¿cómo conformes veo
tanto a don Juan y a don Sancho?
¿Cosa que fuese concierto
haberme traído...? Mas ¿cómo
tal de un amigo sospecho?)
¡Don Juan!

Sancho   Pues ¿de qué os conoce
(Aparte.)   (¡peor esto se va poniendo!)
a vos, don Juan, mi enemigo?

Octavio   Ya de que acudáis es tiempo
a la obligación que os puse,
cuando os conté mi suceso.
Don Sancho es el enemigo.

Sancho   Don Juan, que acudáis espero
a mí; pues honor y vida
en vuestras manos he puesto.
El enemigo es Octavio.

Juan	¿Quién se vio en igual aprieto?
	Pero ¿qué temo, qué dudo,
	si dice la ley del duelo
	para casos semejantes...
Sancho y	
Octavio	¿Qué?
Juan	...que con quien vengo vengo.
	Don Sancho, dadnos lugar;
	porque por mares de acero
	hemos de salir los dos.
Sancho	Pues ¿tú contra mí? ¿Qué es esto?
Juan	Es cumplir mi obligación.
Sancho	¿Y en la que yo te había puesto?
Juan	Llegó muy tarde.
Sancho	¿Por qué?
Juan	Porque con quien vengo vengo.
Sancho	«¿Con quien vengo vengo?» Aquí
	se oculta mayor misterio.
	Mas no importa, pues que yo,
	que honor de mi parte tengo,
	y vengo a cobrarle aquí,
	dándoos la muerte primero,
	diré al lado de mi honor
	también con quien vengo vengo.

¡Mueran los dos!

(Riñen.)

Todos   ¡Los dos mueran!

Octavio   Hay mucho que hacer en eso,
                   que sois pocos.

Criado   ¡Ay de mí!

Sancho   ¡Muerto soy! ¡Válgame el cielo!

(Cae don Sancho. Vanse corriendo los criados.)

Octavio   Don Sancho cayó en las flores
                   y los criados huyeron.

Juan   Y como sin luz nos dejan,
                   por donde salir no acierto.
                   Pero ¿dónde está Leonor?

Octavio   Cerrada en ese aposento.

Juan   Abre aquí, yo soy, bien puedes.

(Sale Lisarda.)

Lisarda   Por conocerte, me atrevo.

Juan   Ven conmigo; que no es bien
                   que te deje en ese riesgo.

Lisarda   Mira que no soy...

Juan	Ya sé quién eres, pues que te llevo. Segura conmigo vas.
Lisarda (Aparte.)	(Ya todo está descubierto, pues me conoce, y me ampara por cómplice de este yerro.)

(Vanse. Sale Ursino.)

| Ursino | Fácil está de verse que he perdido,
pues del juego no salgo acompañado,
ni a un mirón reverencias he debido,
ni luz al garitero le he costado;
y aun mejor despaché que he merecido,
pues que las escaleras no he rodado,
bien del garito al tiempo no hay distancia,
pues solo medra el que anda de ganancia.
¡Vive Dios...! |

(Ruido de espadas dentro.)

Sancho (Dentro.)	Aun se anima en esta mano noble acero en defensa de mi vida y mi honor.
Ursino	Esto ¿qué es?
Sancho (Dentro.)	Vuelve, tirano, y no seas dos veces mi homicida.
Ursino	En esta casa riñen.

Octavio (Dentro.)   Ya es en vano
esperar mi venganza conseguida
y tu muerte.

(Salen don Juan, don Octavio y doña Lisarda.)

Lisarda   ¡Ay de mí!

Octavio   Ved dónde iremos.

Juan   A casa, porque allí lo dispondremos.

Ursino   En esta casa fue la cuestión, ¡cielos!,
y después de la voz y del ruido,
dos hombres entre asombros y desvelos,
y una mujer con ellos, han salido,
desnudas las espadas, mil recelos
al alma y la razón han ocurrido.

Sancho (Dentro.)   ¡Triste de mí! Sin confesión me muero!

Ursino   Ni hombre humano seré ni caballero
  si dejo a aquesta voz de dar ayuda,
cuando pronuncia en lamentable acento
afectos religiosos lengua muda.
Entrar adentro a socorrerle intento.

(Sale don Sancho.)

Sancho   Mal el valor se alienta, mal se ayuda,
cuando de sangre propia está sediento
el corazón, y en bárbaros enojos
le lloran las heridas y los ojos.
  Vuelve, vuelve, enemigo, y esa espada

muerte me dé para mayor exceso.

Ursino   Quien así os busca no os ofende en nada,
              mas os viene a ayudar en tal suceso.

(Sale doña Leonor.)

Leonor   Yo bajo en llanto y en dolor bañada.
              Que estoy mortal a mi dolor confieso.
              ¿Dónde voy? ¡Ay de mí! que en esta calma
              miente la vida y se desdice el alma.

Sancho   Decid ¿quién sois?

Ursino   Quien de piedad movido,
              llora vuestras desdichas.

Sancho   Caballero,
              bien la piedad lo dice, pues ha sido
              de la sangre el blasón más verdadero;
              perdonadme el no haberos conocido;
              que aunque en mi patria estoy, soy extranjero
              en ella; y así ignoro vuestro estado;
              que extranjero en su patria es el soldado.
              En el último aliento de mi vida
              lucho a brazo partido con la muerte,
              y por la infausta boca de una herida
              el alma los espíritus divierte.
              No quiero, no, que sea socorrida
              mi vida desas canas en tan fuerte
              desdicha, el honor sí. Dejadme, os ruego,
              y esa dama poned en salvo luego.
              No es mi dama, señor, hermana es mía;
              así lo fuera la que abrió primero

96

puerta para tan grande alevosía,
despojo infame del rigor severo.
Solo en vuestro valor mi honor se fía,
porque os juzgo señor y caballero.
Mirad por ella, y quede en vos segura
pobre nobleza y huérfana hermosura.

Ursino   Infeliz caballero, ya que el cielo
a esta ocasión mis pasos ha traído,
¿quién duda que haya sido por consuelo
de vuestro pecho honrado y afligido?
En mis brazos venid, alzad del suelo;
llamaré quien os cure, y advertido
vivid de que tendrá esta hermosa dama
segura su opinión, cierta su fama.
Ursino soy, si basta; y a Dios juro
de no faltar jamás de vuestro lado,
hasta que de la vida estéis seguro,
y del honor estéis desagraviado.
Con vos me habéis de hallar, porque procuro
ya como propio el bien de un desdichado.
Venid los dos.

Sancho   Esa palabra aceto.

Ursino   Otra vez con el alma os la prometo.

Fin de la segunda jornada

Jornada tercera

(Salen don Juan, doña Lisarda y don Octavio.)

Juan
        Éste es mi cuarto, señora;
y aunque en él quedáis a oscuras,
importa, mientras que voy
a preveniros alguna
parte donde retirada
estéis, con los dos, segura
de la justicia, que hoy tiene
la vara de la Fortuna.

Lisarda
        En vuestras manos, don Juan,
estoy; vos tenéis la culpa
de estos sucesos, supuesto
que vuestro amor —suerte injusta!—
me puso en esta ocasión;
y así os toca —oh pena dura!—
sacarme de ella y mirar
que mi riesgo no se excusa.

Juan
        Octavio, vente conmigo.

Octavio
        ¿Dónde vas?

Juan
        Eso preguntas?
A prevenir donde estemos
de suerte que, si nos buscan,
no nos hallen, y de suerte
que, si falta quien presuma
contra nosotros, no pueda
hacernos daño la fuga.
Pues con estos dos intentos,

Octavio, tengo, entre muchas
partes que se me ofrecieron,
hecha elección de la una,
que es un cuarto de esta casa
que ni se vive ni ocupa;
y con estarnos allí
los dos y Leonor oculta,
no nos salimos de casa
ni la ven; y si procuran
buscarnos, él tiene puerta
al mar, que bate su espuma
unos jardines adonde
corresponde su hermosura;
y con hacer que esté siempre
puesta a tiempo una faluca,
podemos, libres las vidas,
echar al mar.

Octavio   Pues ¿qué dudas,
si dentro de casa tienes
comodidad tan segura?

Juan   Si Leonor está conmigo,
vengan desdichas.

(Vanse don Juan y don Octavio.)

Lisarda   Fortuna,
¿quién en una noche sola
vio tantas desdichas juntas?
¿Qué es lo que pasa por mí?
¿Yo, que fui la que de industria
negué la deidad a amor,
sin darle obediencia nunca,

fui la que más examina
sus violencias, sus injurias?
¿Fuera de mi casa yo?
¿Yo en casa de un hombre —¡injusta
suerte!— galán de mi hermana,
que como tal me asegura
y me libra, por haber
conocido —¿quién lo duda?—
que fui de su amor tercera,
y primera de mi culpa?
Parecerá impropiedad
que, cuando en tantas angustias,
tantas penas, tantos llantos,
quiera el cielo que discurra,
me acuerde de otra pasión;
sin mirar el que esto culpa
que las desdichas y penas
se eslabonan y se juntan
de suerte que salen todas,
en tirándose de una.
¿Qué es esto, cielos, qué es esto
que el alma y sentidos burla?
Después que vi este don Juan,
galán de mi hermana, en cuya
casa estoy —¡pluguiera al cielo
que yo no le viera nunca!—
¿tan bien me pareció, cuando
volvió, volcán de sus furias,
desde la tapia? ¿Tan bien,
cuando dijo, por disculpa
de su amor, que le traía
allí otra venganza justa?
¿Qué es esto? ¿El amo y criado
hoy contra mí se conjuran,

el uno cuando se ve
y el otro cuando se escucha?
Tanto que, igual el afecto,
uno en veras, otro en burlas,
con ser dos personas, pienso
que son en el alma una.

(Sale Celio con luz.)

Celio (Aparte.)   (¿Habrá lacayo de bien
que no se aflija y se pudra,
viendo que su amo anda
con máquinas, con industrias?
¿Irse sin mí a sus amores,
donde con mi nombre hurta
otro la ocasión que yo
merecí por mi ventura?
¿Venirse a casa después
y, aposentándose a oscuras,
probar llaves de otro cuarto,
sin saber lo que procura?
¿A mí hay caso reservado?
No quedaré, por ninguna
cosa del mundo, con él,
porque —¡aquí de Dios!— ¿quién gusta,
aunque se muera de hambre,
de servir, si no murmura?
Mas no moriré; que al fin
tengo quien me contribuya;
porque ¿para qué enamora
un pobre hombre a una hermosura
tan rica como Lisarda
sino para que —no hay duda—
le traiga como un Narciso?)

Lisarda	Ya no es posible me encubra.
Celio	¿Quién está aquí?
Lisarda	Yo soy, Celio.
Celio	¡Jesús!
Lisarda	Pues ¿de qué te turbas?
Celio	Pues ¿no tengo de turbarme, viendo tan grande aventura?
Lisarda	No; que el que, como tú, tiene buen entendimiento, nunca se ha de turbar de sucesos que por sí no dificulta el entendimiento; y puesto que no es la primer fortuna esta del amor, no es bien te turbes; y más si apuras que, como es rayo, se lleva tras sí más de lo que busca.
Celio	Pues ¿cómo has venido aquí?
Lisarda	El error tuvo la culpa de un hombre en traje de Celio.
Celio (Aparte.)	(Ella conoció la industria con que, trocándose el nombre Octavio, su amor procura; y viendo que no era yo,

a tales horas me busca.
Siempre mi abuela me dijo
que era de buena ventura.)
Señora, aunque es bien que dé
las gracias a mi fortuna
de esta dicha, mejor fuera
dar las quejas, pues son justas,
de que no me haya hecho un hombre
poderoso; pero suplan
afectos de voluntad
de mi bajeza las culpas.
Una ración mal pagada,
una cama no muy dura
no puede faltar; y en fin,
logrando dicha tan suma,
seré alfombra de tus plantas
y seré como se usan,
pues yo soy tan mal cristiano
que seré tu alfombra turca.

(Sale don Octavio.)

Octavio (Aparte.)   (Quiere don Juan que a Leonor
                           lleve yo al cuarto en que oculta
                           ha de estar, mientras él queda
                           haciendo espaldas seguras
                           a su padre; y temeroso
                           llego a mirar su hermosura,
                           porque entre tantas desdichas
                           se hizo mayor lugar una
                           en el alma. ¿Cómo, lengua,
                           traidoramente pronuncias
                           razones tan mal formadas
                           que el mismo aliento las duda?

¿Por qué se atrevió a decirlas,
sin tener licencia suya,
el alma, siendo mi pecho
del silencio sepultura?)

¡Celio!

Celio   ¡Señor! ¿Que aquí estés?

Lisarda (Aparte.)   (Éste es don Juan. ¡Qué desdicha!)

Octavio   Salte; que importa a mi dicha.

Celio   No quiero, ni es justo, pues
esta dama que aquí ves
huyendo viene de ti,
señor, a buscarme a mí,
supuesto que no te quiere,
y que yo soy por quien muere.

Octavio   Loco estás; vete de aquí.

(Vase Celio.)

(Aparte.)   (¿Cómo —¡ay de mí!— llegaré
a hablarla, sin que los ojos
den paso a tantos enojos
como padezco?)

Lisarda (Aparte.)   (¿Qué haré
para que el alma no dé
lugar en tanto rigor
a otra desdicha mayor?)

Octavio (Aparte.)	(Diré al amor...)
Lisarda (Aparte.)	(Yo a mi fama...)
Octavio (Aparte.)	(...que es Leonor de don Juan dama.)
Lisarda (Aparte.)	(...que es amante de Leonor.)
Octavio	Señora, ya prevenido

Señora, ya prevenido
sobre el mar un cuarto queda
que ser el ocaso pueda
dese Sol recién nacido.
Fortuna y amor han sido
los que hospedaje os han dado,
porque ya que habéis llegado
a esta breve esfera, es bien
que en el mar se hospede quien
sacó del mar su traslado.
Ocasión solo se espera
para que podáis pasar,
sin que os vean, a lograr
las perlas de su ribera;
pues no habrá ruda venera
en las márgenes de Flora,
si sobre sus conchas llora
las auroras que en vos nacen,
porque las perlas se hacen
de lágrimas de la aurora.
No os aflijáis, no lloréis;
que en casa, señora, estáis
donde servida seáis,
si no como merecéis,
como vos misma veréis
en el gusto y el cuidado

de quien constante os ha dado
la libertad que perdió.

Lisarda (Aparte.)   (En toda mi vida yo
vi tan amante cuñado,
  mas, del silencio vencido,
muera en mi pecho mi agravio.)

Octavio (Aparte.)   (Antes que salga del labio,
muera mi amor a mi olvido.)

Lisarda (Aparte.)   (Un rayo la voz ha sido.)

Octavio (Aparte.)   (Sus ojos son un volcán.)

Lisarda (Aparte.)   (A más mis desdichas van.)

Octavio (Aparte.)   (¡Oh, qué furia!)

Lisarda (Aparte.)   (¡Oh, qué rigor!
Mas es galán de Leonor.)

Octavio (Aparte.)   (Mas es dama de don Juan.)

(Sale don Juan.)

Juan   Segura la casa está;
bien podéis pasar agora
a esotro cuarto, señora,
que os está esperando allá.
(Aparte.)   (Mas ¿qué es esto?)

Octavio   Pues ¿qué os da,
que así os turbáis?

Lisarda (Aparte.)   (Éste ha sido
el amigo que ha venido
a don Juan.)

Juan (Aparte.)   (¡Válgame el cielo!)

Octavio   ¿Qué tenéis?

Juan   Todo soy hielo.

Octavio   Pues ¿de qué?

Juan (Aparte.)   (Pierdo el sentido.)
¿Cómo vos, señora... yo

(Aparte.)   ...aquí...? (¡Estoy muerto y turbado!)

Octavio   Pues ¿qué tenéis? ¿Qué os ha dado?

Lisarda (Aparte.)   (De mirarme se turbó
el amigo que llegó.)

Octavio   Decidme ya, ¿qué tenéis?
Mas luego me lo diréis.
Ahora a esotro cuarto vamos,
y la ocasión no perdamos
de pasar.

Juan (Aparte.)   (Ojos, ¿qué veis?)

(Vanse hacia la puerta. Sale Celio.)

Celio   Mi señor viene, señor.

Octavio	El paso cogió.
Lisarda	¡Ay de mí!
Juan	Si él la ve pasar de aquí, será otro nuevo rigor.
Octavio	Mata la luz.
Lisarda	¡Qué temor!
Octavio	Y así, sin que vista quede, ir entre nosotros puede.

(Matan la luz, y va doña Lisarda entre los dos.)

Celio	No es la tramoya muy mala. ¿Qué pena a mi pena iguala? ¿Qué mal a mi mal excede?

(Salen Ursino y doña Leonor tras él.)

Ursino	Mucho me huelgo que esté sin luz el portal agora. Mas segura estás, señora; así entrar podrás, porqué nadie te ha de ver.
Leonor	No sé por dónde voy.
Ursino	¿Quién va allá?
Juan	Yo soy, señor.

(Encuéntranse Ursino y don Juan, y cada uno hace como que no quiere que el otro encuentre con la dama que lleva, y apártanse, hasta igualarse las damas; y ellos volviendo a guiarlas, por tomar la suya, agarran la del otro, de manera que se truecan.)

Ursino (Aparte.)   (Como está
la casa sin luz, no veo.
Y está como yo deseo.)

Leonor (Aparte.)   (Nueva maravilla ya
admiro. De don Juan fue
aquella voz.)

Ursino (Aparte.)   (Yo sintiera
mucho que don Juan me viera
con esta mujer. ¿Qué haré?
Pero yo la ocultaré.)
No sois vos, señora?

Lisarda   Sí,
yo soy.

Ursino   Pues venid tras mí.

Lisarda   Turbada, señor, os sigo.

Ursino   Don Juan, ¿quién está contigo?

Juan   Octavio solo está aquí.

Ursino   Pues ¿cómo sin luz estáis
en este portal?

Juan (Aparte.)   (Agora
                           entramos los dos.)

Octavio   Señora,
                       venid; que segura vais.

Leonor   Sí haré; pues vos me guiáis.

Ursino (Aparte.)   (Lindamente ha sucedido;
                    que vengo solo ha creído.)

Octavio   ¡Celio!

Celio   ¿Señor?

Octavio   Pues aquí
                 tu señor no te oyó a ti,
                 ni te ha visto ni sentido,
                  al cuarto que sabes lleva
                 esa dama; que yo quiero
                 quedarme...

Celio (Aparte.)   (¡Qué dicha espero!)

Octavio   ...por la deshecha.

Juan (Aparte.)   (¡Oh, qué nueva
                 confusión mi vida lleva!)

Ursino (Aparte.)   (Lindamente la he escapado,
                 y hasta mi cuarto guiado.)

(Vase Ursino con doña Lisarda.)

Octavio (Aparte.)   (Lindamente se libró,
pues ni la vio ni sintió;
logróse nuestro cuidado.)

Juan   ¡Octavio!

Octavio   ¿Don Juan?

Juan   ¿Sois vos?

Octavio   Ya vuestro padre se ha ido.
Dicha fue no haber pedido
luz, que viera con los dos
a Leonor.

Juan   ¡Pluguiera a Dios
que luz, Octavio, pidiera!
Yo me holgara, como viera
a Leonor.

Octavio   ¿No la veréis
en el cuarto, si queréis?

Juan   Menor mi desdicha fuera,
si eso fuera así.

Octavio   Quiero irme,
pues Leonor en él aguarda.

Juan   No, Octavio, sino Lisarda,
más soberbia y menos firme.

Octavio   ¿Qué decís?

Juan	Que he de morirme en pena tan inhumana.
Octavio	¿Quién es Lisarda?
Juan	Es la hermana de Leonor.
Octavio	No puede ser.
Juan	Si yo lo acabo de ver, ¿puede mi esperanza vana engañarme? ¡Vive Dios, que a Lisarda hemos sacado del riesgo, y que hemos dejado a Leonor!
Octavio	¿Estáis en vos?
Juan	Volvamos allá los dos.
Octavio	¡Vive el cielo, que estoy loco! Esperad, don Juan, un poco.
Juan	¿Qué tengo ya que esperar, si en las orillas del mar mayores peligros toco?
Octavio	¿No oiréis un instante?
Juan	No.
Octavio	Decid: la que estaba allí con vos ¿era Leonor?

Juan   Sí.

Octavio   Pues Leonor fue a la que yo
libré su vida, y aun vio
que yo la vi; y si ella fue
la que estaba con vos, sé
que es la que ahora está con vos,
porque nunca hubo allí dos;
o decidme...

Juan   No sabré.

Octavio   ¿...cómo se pudo trocar?

Juan   Como fue desdicha mía,
fácil, Octavio, sería
de suceder un pesar.

Octavio   No hallo razón de dudar
de que es la misma.

Juan   Sí,
que distintamente vi
a Lisarda.

Octavio   ¡Vive Dios,
que pierda mi juicio! ¿Vos
hablasteis con Leonor?

Juan   Sí.

Octavio   Pues Leonor es la que va
a vuestra casa.

114

Juan	Confieso que queréis que pierda el seso.
Octavio	¿No es más fácil ir allá a verla?
Juan	Cosa será excusada.
Octavio	Pues, en vella ¿qué perdéis?
Juan	Ver que no es ella.
Octavio (Aparte.)	(Tanto bien me hiciera amor, que ella no fuera Leonor y fuera mi prenda bella.)

(Vanse. Salen por una puerta Ursino con luz y doña Lisarda como turbada.)

Ursino	Este cuarto, que apartado está, y por él no se manda, será el sagrado mejor que puedan hallar tus ansias; pues aquí, sin que lo sepa persona alguna de casa, sino aquellos de quien yo hiciere tal confianza, estarás servida, en tanto que el cielo camino abra a tus desdichas. Y aquí otra vez te doy palabra de que no saldrás, señora,

si no es contenta y honrada,
si en defensa de tu sangre
sé morir en la demanda.
Y con aquesta advertencia
quédate a Dios; que me llama
el deseo de saber
en qué los sucesos paran
de tu hermano.

(Vase Urbino cerrando la puerta.)

Lisarda   ¡Santos cielos!
¿Qué es esto que por mí pasa?
Que la atención más prudente
y la acción más acertada,
el discurso más atento,
la imaginación más alta
se hubiera perdido, siempre
corriendo fortunas tantas.
¿Yo, de don Juan conocida,
no me di ya por hermana
de Leonor? ¿No me sacó
del peligro de mi casa?
¿A la suya no me trajo,
cuando Celio me guiaba,
para llevarme a otra parte?
O el sentido ya me falta,
o sigo a otro hombre. Pues ¿cómo
éste que sigo no halla
novedad en mi inquietud,
mis penas y mis desgracias?
Don Juan, si hasta aquí me trajo,
¿cómo se fue? ¡Cielos, basta!
Pues confieso que ya estoy

rendida, tened las armas.
¿Qué cuarto será este solo?
Estas señas no señalan
de que habite gente en él.
Iré por todas las salas
a ver si sé dónde estoy,
absorta, ciega y turbada,
que apenas tantas desdichas
pueden sustentar las plantas.

(Vase. Salen por otra puerta Celio y doña Leonor.)

Celio   Éste es el cuarto, señora,
que para esfera os aguarda.
Aquí don Juan, mi señor,
que yo os trajese me manda.
Gracias a Dios que hay en él
luz, y podré cara a cara
ver el Sol de vuestros ojos,
que a rayos de celos matan.
Mas ¿qué es esto? ¡Santo cielo!

Leonor   ¿Eres Celio?

Celio   ¡Cosa extraña!

Leonor   Bien en la voz que escuché
convienen señas tan claras.
Dime, Celio, ¿qué es aquesto?
Que estoy de verte admirada.

Celio   Dime tú primero a mí
quién te hizo a ti Lisarda,
y responderéte yo

al tenor de la demanda.

Leonor   ¿Qué Lisarda?

Celio   ¿Tantas hay?

Leonor   Pues ¿dónde Lisarda estaba?

Celio   En ti; pues tú te has vestido
de su talle y de su cara.

Leonor   No te entiendo.

Celio   Yo tampoco;
uno por otro se vaya.

Leonor   Un anciano caballero
hoy me sacó de mi casa
y me trajo hasta la suya,
debajo de la palabra
que dio a mi hermano, y en ella
entré tras él; y, guiada
de sus pasos, me ha traído
hasta aquí. ¿Qué es lo que pasa
por mí? ¿Cómo estoy contigo?

Celio   La pregunta es extremada;
pues, si eso supiera yo,
no estuviera en dudas tantas
para dar un estallido.

(Salen don Juan y don Octavio.)

Octavio (Aparte.)   (¡Plegue a Dios que sea Lisarda!)

Celio	Señor, aquí está Leonor esperándote.
Juan	¿Que hagas tú también burla de mí?
Celio	La burla es no darme nada de albricias.
Leonor	¡Don Juan, señor!
Juan	Leonor, agradezca el alma esta dicha, pues es suya.
Octavio	Aquí dio fin mi esperanza, pues desengañado ya tan tiernamente la abraza, y porfiaba que no es ella. Mas ¡vive Dios!, que porfiaba bien; que no es ésta la misma que yo vi; más dudas faltan de averiguar. ¡Celio, Celio!
Celio	¿Señor?
Octavio	¿Dónde está la dama que te dije que trajeses, cuando Ursino vino a casa, a este cuarto?
Celio	Vesla allí.
Octavio	No es aquélla.

Celio
Yo jurara
lo mismo; mas yo no tengo
otra aquí ni en Alemania.
Aquella misma te vuelvo
libre, segura y sin tacha.

Octavio
¡Vive el cielo, que te mate,
si no me dices la causa
de este trueco!

Celio
Di, ¿qué trueco?
Dos mil demonios la valgan,
si con premio ni sin premio
la troqué. Mas ¿qué te espantas
de haber visto en este tiempo
una mujer con dos caras?

Juan
No estamos bien aquí cerca
de la puerta; entra a otra cuadra,
Leonor, donde más segura
estés.

(Vase doña Leonor.)
Octavio, yo estaba
loco, por Dios; pero antes
ya confieso mi ignorancia.
Leonor era, la verdad
me dijisteis.

Octavio
Cuando acaba
vuestra duda, la mía empieza.
Que era Leonor porfiaba,
y ya, que no era Leonor
la que en el jardín estaba
con vos.

Juan   Si vos mismo, Octavio,
                    volviendo desde las tapias,
                    la socorristeis, si vos
                    la tuvisteis encerrada,
                    si vos mismo la sacasteis
                    de su casa, y a mi casa
                    la trajisteis, y está aquí,
                    bien claro nos desengaña
                    que fue una siempre, pues nunca
                    hubo otra con quien trocarla.
                    Si a mí me lo pareció,
                    como esas veces se engañan
                    los ojos, yo estuve ciego.

(Vase don Juan.)

Celio   Aquí lindamente encaja
                    lo de «no sois vos, Leonor»
                    y aquello de «mal tocada».

Octavio (Aparte.)   (Él con las mismas razones
                    que me convence, me mata.
                    Mas no es mucho en este caso
                    ver que las de otro no alcanza
                    el que no alcanza las suyas.
                    ¿Quién vio cosa más extraña?
                    Rendido a mi pena estoy.
                    ¡Ya basta, cielos, ya basta!)

(Sale doña Lisarda.)

Lisarda (Aparte.)   (La casa anduve, y en ella
                    no he visto a nadie y, guiada

de la luz, me vuelvo a ver
en esta primera sala.
Mas ¿quién está aquí?)

(Tropieza con Celio.)

Celio   ¡Jesús!

Octavio   ¿Qué es esto?

Celio   Aquí que no es nada.
La que en este mismo instante
era Leonor, ya es Lisarda.
Huiré de ella cielo y tierra.

Octavio   ¿Eres sombra, eres fantasma,
mujer, que así los sentidos
turbas?

Lisarda   Pues ¿de qué te espantas,
si tú mismo me trajiste
desde mi casa a tu casa,
de que esté en ella?

Octavio   De verte
cada vez en formas varias.
¿Quién te trajo aquí?

Lisarda   Tu padre.

Octavio   ¿Mi padre? Otra vez me matas.

Lisarda   Él me guió aquí, don Juan.

Octavio (Aparte.) (Con don Juan piensa que habla.
¿Si me parezco a don Juan?
Que, según las cosas andan,
no será mucho.) Leonor,
¿cómo viéndome te engañas?

Lisarda Tú solo te engañas.

Octavio ¿Yo?

Lisarda Sí; pues que Leonor me llamas.
¿No me conoces? ¿No sabes,
don Juan, que yo soy Lisarda?
¿Como tal no me trajiste,
desde mi casa a tu casa?

Octavio Cielos, ¿qué escucho? ¿Tú misma
no eres aquélla que estabas
en el jardín?

Lisarda ¿Quién lo duda?

Octavio Pues ¿cómo, si a don Juan hablas
en él, ignoras, que es
el mismo que quieres y amas?

Lisarda Porque yo nunca le quise;
que allí estuve disfrazada
como criada; mas tú,
si la quieres, ¿cómo agravias
su amor y no la conoces,
siendo el que con ella hablabas?

Octavio No fui; que como criado

guardé a don Juan las espaldas.

Lisarda
 Luego ¿tú eres aquel Celio
que entendidamente habla?

Octavio
 Luego ¿eres tú aquella Nise
de tan buen ingenio y gracia?

Lisarda
 Luego ¿no eres tú el galán
de Leonor?

Octavio
 Luego ¿la dama
no eres tú de don Juan?

Lisarda
 Yo
fui Nise, siendo Lisarda.

Octavio
 Y yo Celio, siendo Octavio.

Lisarda
 ¿Eso es verdad?

Octavio
 Cosa es clara.

Celio
Gracias al cielo que ya
llegamos a la posada.

Octavio
 Sepan don Juan y Leonor
esto que a los dos nos pasa.

Lisarda
 ¿Dónde están?

Octavio
 En este cuarto.

Lisarda
 ¿Cómo?

Octavio	Es historia muy larga.
Lisarda	¿Quién trajo a Leonor?
Octavio	No sé.
Lisarda	Prosigue, pues.
Octavio	Temo...
Lisarda	Acaba.
Octavio	Que no tengo que saber, sabiendo que tú eres...
Lisarda	¡Basta!
Octavio	«Nise» iba a decir.
Lisarda	¿Por qué?
Octavio	Por no perder a tu fama el respeto.
Lisarda	Bien está, «Celio».
Octavio	¿Por qué así me llamas?
Lisarda	Porque así...
Octavio	Dilo.

Lisarda	Es muy presto;
	vamos a ver a mi hermana.
	¡Válgate el cielo por Celio!
Octavio	¡Válgate Dios por Lisarda!

(Vanse todos. Salen Ursino y un Criado.)

Ursino	¿Qué dices?
Criado	Lo que es cierto.
Ursino	Cuando temía que le hallase muerto,
	¿dices que levantado
	está?
Criado	Tanto le anima su cuidado,
	fuera de que la herida
	nunca le puso a riesgo de la vida,
	que falta fue de sangre, a lo que entiendo.
Ursino	Y agora, di, ¿qué hace?
Criado	Está escribiendo
	un papel. Mas él sale.

(Sale don Sancho.)

Ursino	Con los brazos
	os doy el parabién.
Sancho	Porque sus lazos,
	a quien valor, nobleza y sangre esmalta,
	suplan en mí la fuerza que les falta.

126

Ursino	¿Cómo os sentís?
Sancho	Sin vida, sin sosiego,
	hasta abrasar, señor, a sangre y fuego
	este fiero homicida
	de mi honor, de mi fama y de mi vida.
Ursino	Yo, don Sancho, a buscaros
	vengo para serviros y ayudaros,
	hasta que libre estéis de vuestro agravio.
	Disponed la venganza como sabio.
Sancho	Por eso he prevenido
	el remedio que oiréis. Vamos, os pido,
	a vuestra casa.
Ursino	En el camino espero
	saberlo.
Sancho	Mi enemigo es forastero,
	y no sé dónde pueda
	hallarle; y así el alma en duda queda.
	Hablar a Leonor quiero, que es mi hermana,
	que en vuestra casa está, deidad humana
	de virtud y belleza;
	ella quizás podrá con más certeza
	de Lisarda informar; no son errores
	pensar que ella sabía sus amores.
	Si dice dónde puedo
	hallarle yo, desengañado quedo;
	iré de allí a matalle;
	si no me dice dél iré a buscalle,
	sabiendo de un su amigo

que por librarle se empeñó conmigo.
De suerte que primero
buscar, señor, al agresor espero;
y de no hallarle, al cómplice; que llanos
discursos dicen que, si yo a las manos
el principal no tengo,
me vengo, si en el cómplice me vengo;
y han de diferenciarse,
que una cosa es reñir y otra es vengarse.
Y así, si no me vengo de uno altivo,
este papel para el segundo escribo,
donde en el parque digo que le espero.

Ursino   Bien pensáis; replicar en nada quiero.
Y pues hemos llegado
a mi casa, entrad dentro recatado,
porque ninguno os vea,
y la ocasión que os trae sospeche y crea.

Sancho   Ya vuestros pasos sigo.

Ursino   Entrad; que bien seguro estáis conmigo.

(Vanse don Sanchoy Urbino. Salen doña Leonor y doña Lisarda.)

Lisarda   Ya que fue piedad del cielo
—¡ay Leonor!— haberme dado
compañía en tal cuidado,
y en tal desdicha consuelo,
   estando juntas las dos,
en tanto que fuera están
del cuarto Octavio y don Juan,
te he de decir... Mas —¡ay Dios!—
la puerta de Ursino es

la que abren.

Leonor   Pues a mí
                  no me vea.

(Vase. Salen Ursino y don Sancho.)

Ursino   Espera aquí;
                  que no es justo que le des
                    tan buena nueva con susto;
                  que también sabe matar
                  un gusto como un pesar,
                  cuando no se espera el gusto.
                    Señora, ya que no tengo
                  digno albergue en que hospedaros,
                  serviros y regalaros,
                  una buena nueva vengo
                    a daros, para que así
                  supla el error de ofenderos.
                  Vuestro hermano viene a veros.

Lisarda (Aparte.)   (¡Válgame el cielo!)

Sancho (Aparte.)   (¡Ay de mí!
                  ¿No es Lisarda ésta?)

Ursino   Llegad,
                  ved, don Sancho, vuestra hermana.

Sancho   Pues ¿cómo, infame, villana...

Lisarda   Señor, mi vida amparad.

Ursino   ¿Aquí entráis con ese intento?

Sancho	¿Delante de mí te atreves a vivir?
Lisarda	En vano mueves contra mí mano y aliento.
Ursino	Estando yo aquí, ¿qué es esto?
Sancho	Es, Ursino, castigar y la vil mancha sacar que en esta ocasión me ha puesto.
Ursino	Mirad, don Sancho, que aquí vuestra hermana a cuenta vive de mi espada; y si recibe alguna ofensa, de mí ha de ser vengada.
Sancho	Pues ¿palabra no me habéis dado de ayudar siempre a mi lado mi pretensión? Tiempo es de mostrar tan noble empeño. Dejad lograr...
Lisarda	¡Ay de mí!
Sancho	...mi venganza.
Ursino	Idos de aquí.

(Vase doña Lisarda.)

También me hice entonces dueño
del honor de vuestra hermana,
de libralla y defendella;
y así he de morir por ella.

Sancho   No fue por esa inhumana,
        sino por la que, señor,
        yo mismo os di y os fié.

Ursino   Pues ¿ésta misma no fue
        la que me disteis?

Sancho   ¡Qué error
        tan notable!

Ursino   El yerro es vuestro;
        que ésta fue la que yo vi
        en el jardín, y hasta aquí
        la he guardado, y ésta os muestro,
        para que os informéis de ella,
        no para que la ofendáis.
        Y si con traición pensáis
        que habéis venido a ofendella,
        quejaréme yo de vos,
        pues que me traéis engañado
        a castigar vuestro enfado
        en mi casa.

Sancho   ¡Vive Dios,
        que a verla vine y saber
        lo que de ella pretendí!
        Mas no es ésta la que aquí
        busco.

Ursino	¿Cómo puede ser, si yo mismo la he traído?
Sancho	No es ella, tras todo eso.
Ursino	Haréisme que pierda el seso.

Sancho	Vos, que yo pierda el sentido.
	  Y el fin de esta confusión
	es solamente pensar
	que dos se pueden errar,
	aunque dos tengan razón.
	  Y pues que no he conseguido
	el haberme aquí informado,
	y es vuestra casa sagrado
	de quien tanto me ha ofendido,
	  solo un remedio me queda.
	Aqueste papel tomad,
	y a quien él dice buscad;
	que yo espero a la alameda
	  del parque. Si ése saliere
	solo, solo espero allá;
	mas si, por dicha, que irá
	el otro amigo dijere,
	  id vos también; que esto os pido
	por no ofenderos; que fuera
	mal hecho que a otro eligiera,
	habiendo con vos venido,
	  y llevando el papel vos.
	Dad luego al punto el papel,
	y en el parque espero dél
	la respuesta. Adiós.

Ursino	Adiós.

132

(Vase don Sancho.)

¿Qué confusión es aquesta
tan extraña y tan cruel?
Pero quizás del papel
sabré mejor la respuesta.
    ¿Quién será aquesta persona
a quien tengo de buscar?
¡Cielo, añade otro pesar,
porque a don Juan de Colona
    dice! ¡Vive Dios, que es
mi hijo agresor de su agravio,
y que el amigo es Octavio!
Ponderar conviene, pues,
    qué he de hacer en este caso;
que perder el juicio temo
si de un extremo a otro extremo
y de una duda a otra paso.
    Si doy a mi hijo el papel,
cierto su riesgo será;
si no, don Sancho dirá
que es cobarde. ¡Qué cruel
    duda padezco! Mas ¿quién
abre a este cuarto la puerta
que corresponde a la huerta
del parque? Él es. Ya se ven
    más dudas. Pues ¿qué querrá
en este cuarto? ¿Y qué ha sido
el haber desconocido
don Sancho a su hermana?
    Que no sé de mí, confieso,
ni pensar ni discurrir;
y así mejor será ir

al atajo del suceso.

(Salen don Juan, don Octavio y Celio.)

Juan   Mi padre está aquí.

Celio   Por Dios,
que él ha cogido la trampa.

Octavio   Mucho lo siento.

Celio   Ya escampa
la Fortunilla.

Ursino   Pues ¿vos
    en este cuarto?

Juan   Venía
a enseñar el cuarto a Octavio.

Ursino (Aparte.)   (No hace poco el que un agravio
disimula.) No querría
    le viese agora, que está,
como no se habita en él,
descompuesto. Y así dél
os salid; que tiempo habrá
    de verle otro día.

Juan (Aparte.)   (Él aquí
por Lisarda defendió
la entrada.)

Octavio (Aparte.)   (¿Si a Leonor vio?)

Juan (Aparte.)   (No sé; esto ha de ser así.)

(Don Juan hace que se va.)

Ursino   Ven acá; que me olvidaba
de un recado que me han dado
para ti, que aquí un criado
de un amigo te buscaba,
    para darte este papel,
sobre no sé qué dinero
del juego, y dártele quiero,
sin mirar lo que hay en él,
    por no obligarme a pagar
porte; que dicen, es bien
que pague los portes quien
abre la carta. Tomar
    puedes el papel; y advierte
que, si es algo que has perdido
lo que en él se te ha pedido,
lo cumplas, aunque la muerte
    te den, por cumplir, don Juan,
lo que prometido hubieres;
que los nobles, como eres,
cuando empeñados están,
    han de salir del empeño,
aunque les cueste la vida.
Ninguna cosa te impida,
pues de mi hacienda eres dueño.
    No quede yo con sospecha;
que os mataré —¡vive Dios!—
si me dijeren de vos
cosa que no sea bien hecha.
    Con esto, salíos afuera;
que cerrar aquí es razón.

(Aparte.)   (Cumpla con su obligación,
                     y imas que en el campo muera!)

(Vase Ursino.)

Octavio   Con tan preñadas razones
                     a discurrir nos provoca.

Celio   Con la barriga a la boca
                     están todos.

Juan   Mis pasiones
                     de nuevo empiezan; ¿qué haremos?

Celio   Pues ¿aquí ya qué hay que hacer,
                     don Juan, sino abrir y leer
                     el papel? Dél lo sabremos.

(Lee.)

Juan   «Por no haber sabido dónde hallar Octavio,
                     os busco a vos, como más conocido y no menos
                     culpado. Decidle de mi parte que venga al
                     parque, donde le espero; si solo, solo, y si
                     con vos, con un amigo. Dios os guarde.»

                     Pésame de haber leído
                     recio el papel.

Celio (Aparte.)   (A mí no;
                     que a trueco de saber yo
                     lo que en él se ha contenido,
                     lo doy por bien empleado;
                     que no me había de andar

	todo el año a adivinar,
	siendo astrólogo criado.)
Juan	Aquesto dice.
Octavio	Ya aquí
	no tenemos que pensar.
	¿No sale esta puerta al mar?
Juan	Sí.
Octavio	Pues guiad por ahí
	al parque, porque si agora
	en las razones advierto
	de vuestro padre, es muy cierto
	que nada del caso ignora;
	porque estar dentro del cuarto,
	echarnos a los dos dél,
	darte él mismo el papel,
	¿qué más desengaño?
Juan	Harto
	me dijo; y así me atrevo
	a hacer lo que él me mandó;
	pues dice que pague yo,
	vengo a pagar lo que debo.

(Vanse don Juan y don Octavio.)

Celio	¿Desafiados los dos?
	Supuesto que yo lo supe,
	la Virgen de Guadalupe
	hará las paces. Adiós.

(Vase. Salen Ursino y don Sancho.)

Sancho   Presto a buscarme venís.
                  ¿Qué hay?

Ursino   Fui de vuestra parte
                  al caballero, y leyó
                  vuestro papel sin turbarse,
                  ni dar muestras de disgusto
                  en la voz ni en el semblante.
                  Dice que hará lo que en él
                  le decís. Si solo sale,
                  reñiréis solo con él;
                  si con otro, habéis de hallarme
                  a vuestro lado.

Sancho   Cumplís,
                  señor, en empresas tales,
                  con la sangre que tenéis.

Ursino   ¿Sabéis vos cuál es mi sangre?

Sancho   Sé que sois Ursino, y basta.

Ursino   Pues no lo soy; no os engañe
                  el nombre, que mi apellido
                  es otro.

Sancho   Bien engañarme
                  puedo.

Ursino   Bien se echa de ver,
                  supuesto que aun ignorasteis
                  que soy Ursino Colona,

y que soy de don Juan padre.
Pero ya estamos acá;
bien será que solo os halle,
por si acaso viene solo.

(Aparte.)   (¡Vive Dios, que, si no sale,
que yo le he de dar la muerte!)

(Salen don Juan y don Octavio.)

Octavio   ¿Don Sancho?

Sancho   Sí.

Octavio   El cielo os guarde.

Sancho   Solo el término le pido
que he de tardar en vengarme.

Octavio   En buena ocasión estáis,
pues no lo estorbará nadie;
que el amigo con quien yo
vengo es a quien enviasteis
el papel; y por saber
que hay otro que nos aguarde,
venimos los dos.

Ursino   Es cierto;
pues sois dos los que llegasteis,
dos somos; que a venir solo,
solo estuviera.

Sancho   A esta parte
conmigo os poned.

Juan	Señor,
	pésame de que así agravies
	la sangre que tengo tuya.
	Tú me la diste, y tú sabes
	que supiera yo pagar,
	como tú me aconsejaste,
	mis deudas, y ya me ofendes,
	si a darme tu ayuda sales.
Ursino	Caballero, yo no sé
	lo que decís; y admirarme
	debo de que me tratéis
	con respeto semejante.
	Yo soy un hombre que vengo
	al lado de quien me trae;
	no conozco otro en el mundo
	de quien yo deba acordarme;
	que, estando en esta ocasión,
	yo nunca conozco a nadie.
	Haced vos lo que debéis,
	sin que os turbe ni embarace
	nada; que yo me holgaré
	de veros en esta parte
	cumplir las obligaciones
	que decís; que en semejante
	caso un noble caballero
	debe reñir con su padre.
Juan	No debe, ni hay ocasión
	que a eso pueda obligarle.
Sancho	¿Qué escucho? ¡Perdido estoy!
Ursino	¿Qué receláis?

Sancho	De mirarte,
	sintiendo dentro de mí
	que ya es forzoso dejarme.
Ursino	¡Vive Dios, que, si no fuera
	por dar fuerza al infame
	escrúpulo vuestro, aquí
	en ese pecho ignorante
	manchara este blanco acero!
	Con vos vengo, no os espante
	nada.
Juan	Perderé mil vidas
	primero, Octavio, que os falte.
	Señor, pues vienes al lado
	de don Sancho, y me llevaste
	el papel tú mismo, y yo
	llamado vengo a la parte
	también al lado de Octavio,
	y es fuerza en empeños tales
	sacar los dos las espadas,
	si ellos las sacan, pensarse
	debe algún medio que excuse
	entre los dos este lance.
Ursino	Cuando al lado de otro hombre
	el que es caballero sale,
	no ha de dar medio ninguno,
	porque él para nada es parte.
	Con don Sancho vengo aquí;
	yo no soy mío este instante;
	bien dicho estará y bien hecho
	cuanto hiciere y cuanto hablare;

si él riñere, he de reñir;
haré paces si hace paces;
que yo con quien vengo vengo,
y aquí no conozco a nadie.

Sancho   De suerte vuestro valor
pudo, señor, admirarme,
que, por no empeñaros tanto,
mi honor quisiera que hallase
un modo que el duelo excuse
más extraño y más notable
que ha visto el Sol hasta hoy.

Ursino   Eso vos habéis de darle,
yo no; y si aquí permitiere
que algún partido se trate,
será porque estoy bien puesto;
vos, que sois el que llamasteis,
ved si os volvéis sin reñir,
porque no hay medio importante
para que de reñir deje,
cuando otro a reñir me saque,
llamado por un papel.

Juan   Cuerdamente me avisaste
de la obligación que tengo,
pues soy quien tuvo esta tarde
el papel; y así me toca
a mí el reñir, por hallarme
empeñado en ser llamado.
Saca la espada, y acabe
la duda; que como yo
contra el pecho no la saque
de mi padre, no rehuso

la ocasión, pues así iguales
cumplo yo de parte mía,
y él cumplirá de su parte.

(Van a reñir don Juan con don Sancho, y don Octavio con Ursino; pero don Octavio se vuelve contra don Sancho.)

Octavio   Eso no me está a mí bien;
que, aunque el papel enviasteis
a don Juan, fui yo el llamado.

Ursino   Él también riñe, bien haces;
pues que te llamó conmigo,
riñe tú.

Juan   Fuerza es que halle
disculpa, pues he de hacer
lo que con quien vengo hace.

(Riñen don Juan y Ursino. Salen doña Leonor y doña Lisarda, por un lado con mantos, y por el otro Celio, el Gobernador, y gente.)

Celio   Llegad presto; que los cuatro
dieron las hojas al aire.

Gobernador   Pues ¿qué es esto, caballeros?
Mirad que estoy yo delante.

Ursino   Vueseñoría pudiera
solamente reportarme,
como al fin gobernador
que es de Verona.

Gobernador   Admirarme

debo de ver en dos bandos
contrarios a hijo y padre.

Ursino

A aquesto obliga el honor
de quien a campaña sale
con otro; que este es precepto
de la ley del duelo.

Gobernador

Baste
para ejemplo del valor
de vuestra invencible sangre;
pero a los cuatro es forzoso
dar una torre por cárcel,
en tanto que se averigua
la ocasión.

Lisarda

Todo es muy fácil
con saber que de don Juan
es Leonor, que está delante,
esposa, y de Octavio yo;
pues las dos por esta parte
desde la casa de Ursino
llegamos en este instante;
y que hagan los casamientos
hoy, señor, las amistades
entre don Sancho, mi hermano,
y Octavio, pide más grave
lugar, porque son sucesos
dignos de elogio más grande.

Sancho

Como mi honor se remedie,
yo le perdono la parte
de mi vida, que es lo menos
de mi ofensa; como case

con Lisarda, soy su amigo
y hermano.

Juan   Pues, señor, sabe
que el principio de su amor
fue por solo acompañarme.

Gobernador   Si tan conforme amistad
hizo entre los cuatro paces,
yo soy padrino de todos.

Octavio   Para que con esto acabe
la comedia, perdonando
sus defectos, aunque grandes,
siquiera porque el autor
humilde a esas plantas yace.

Fin de la comedia

Libros a la carta

A la carta es un servicio especializado para
empresas,
librerías,
bibliotecas,
editoriales
y centros de enseñanza;
y permite confeccionar libros que, por su formato y concepción, sirven a los propósitos más específicos de estas instituciones.

Las empresas nos encargan ediciones personalizadas para marketing editorial o para regalos institucionales. Y los interesados solicitan, a título personal, ediciones antiguas, o no disponibles en el mercado; y las acompañan con notas y comentarios críticos.

Las ediciones tienen como apoyo un libro de estilo con todo tipo de referencias sobre los criterios de tratamiento tipográfico aplicados a nuestros libros que puede ser consultado en Linkgua-ediciones.com.

Linkgua edita por encargo diferentes versiones de una misma obra con distintos tratamientos ortotipográficos (actualizaciones de carácter divulgativo de un clásico, o versiones estrictamente fieles a la edición original de referencia).

Este servicio de ediciones a la carta le permitirá, si usted se dedica a la enseñanza, tener una forma de hacer pública su interpretación de un texto y, sobre una versión digitalizada «base», usted podrá introducir interpretaciones del texto fuente. Es un tópico que los profesores denuncien en clase los desmanes de una edición, o vayan comentando errores de interpretación de un texto y esta es una solución útil a esa necesidad del mundo académico.

Asimismo publicamos de manera sistemática, en un mismo catálogo, tesis doctorales y actas de congresos académicos, que son distribuidas a través de nuestra Web.

El servicio de «libros a la carta» funciona de dos formas.

1. Tenemos un fondo de libros digitalizados que usted puede personalizar en tiradas de al menos cinco ejemplares. Estas personalizaciones pueden ser de todo tipo: añadir notas de clase para uso de un grupo de estudiantes, introducir logos corporativos para uso con fines de marketing empresarial, etc. etc.

2. Buscamos libros descatalogados de otras editoriales y los reeditamos en tiradas cortas a petición de un cliente.

www.ingramcontent.com/pod-product-compliance
Lightning Source LLC
LaVergne TN
LVHW091220080426
835509LV00009B/1092